"우리가 감정들로부터 자유로워지려면 어떻게 해야 하는지를 알려줍니다. 재미있고, 통찰력 있는 유익한 책입니다. 정말 많은 도움이 되었어요!"

_ 세라 나이트, 뉴욕타임즈 베스트셀러 작가

"유쾌함과 정직함, 희망으로 가득찬 책! 이 책은 약간의 코칭과 진정성만 있으면 자신의 감정과 삶을 소유할 수 있는 방법을 알려 준다."

_ 바비 브라운, 바비 브라운 설립자, 메이크업 아티스트

"지은이는 쇠약해지는 기분과 불안으로부터 더 큰 마음의 평화에 이르는 개인적인 여정에 대해 이야기합니다. 마치 친한 친구처럼요!"

_ USA 심리학 매거진, 《오늘날의 심리학》

"이 에세이는 투명하고 사실적인 경험을 담고 있다. 또한 우리가 가장 필요로 할 때 여성다움을 받아들이도록 안내한다."

_ 숀다 라임스, 방송 제작사 〈숀다랜드〉 대표

"감정 조절이 어려운 사람들에게 최고의 선물이 될 것이다!"

_ 로리 산토스, 예일대 심리학과 교수

최악의 기분을 최고의 삶으로 바꾸는 7가지 감정 수업

내 기분은
내가 결정합니다!

로렌 마틴 지음 | 류지현 옮김

서교출판사

CONTENTS

최고의 기분이
최고의 삶을 이룬다

5년 전, 내 상태는 썩 좋지 않았다. 나이는 어렸고, 머리는 지금보다 더 금발이었지만, 삶이 어디서 어떻게 잘못되었는지조차 몰랐다. 심지어 이 책이 출판되기 3개월 전까지도 내 삶은 정말 나아질 기미가 보이지 않았다. 그러던 어느 날, 침실에서 갑자기 깨달았다. 내가 1년이 넘도록 남편과 싸우지 않았다는 사실을!

예전에는 남편이 내게 화를 돋우거나 상처를 주는 말을 하면 남편과 격하게 싸우곤 했다. 지금은 그렇지 않다. 답장 없는 문자 메시지나 턱에 난 여드름 때문에 애를 태우는 일도 없다. 얼마 전 스물아홉 번째 생일을 맞아 부모님 집에 갔을 때 여동생의 한 마디가 날 거슬리게 했지만 별일 아닌 듯 넘어갔다. 예전 같았으면 암트랙 (미국 워싱턴 D.C.에 본부를 두고 미국의 48개 주와 캐나다 9개 도시를 오가

는 철도 서비스: 옮긴이 주)을 타고 곧장 집으로 돌아왔을 텐데.

사실 그렇게 되기까지는 시간이 꽤 많이 걸렸다. 그 순간의 기분이 무엇을 의미하는지 알아내고, 그 감정을 극복하는 연습을 매 순간 반복해야만 했다. 하지만 나는 결국 해냈다. 이제는 나 자신을 알게 되었다는 기쁨과 함께 새로 얻은 평화를 맛보는 중이다. 그런데 만약 내가 그때 거기서 그 사람을 만나지 못했더라면 지금처럼 잘 지낼 수 있었을까?

나도 그런 기분을 느껴요

1월 중순의 춥고 습한 밤이었다. 당시 나는 스물네 살이었고 지금의 남편인 남자친구 제이와 막 이사를 온 참이었다. 비참한 기분이 들었다. 슬픈 것도, 우울한 것도 아니었지만 영혼의 밑바닥에 무언가가 찰싹 달라붙어서 나를 휘젓는 듯했다. 이런 상태로 집에 들어가면 지난주처럼 제이에게 소리를 질러댈 것이 뻔했다.

"넌 너무 감정적이야."

제이는 말했다. 맞아, 난 왜 그럴까? 뭐가 문제일까? 어째서 행복하지 못한 걸까? 지하철역 밖으로 나와 브루클린의 어두운 거리를 걸으며 나 자신에게 이런 질문들을 던졌다. 마음을 진정시키기 위해 내가 떠올린 유일한 해결책은 바로 술이었다. 이 동네에서 유일하게 술을 마실 수 있는 바는 우리 아파트에서 다섯 블록 떨어져 있었다. 추위를 피하기 위해서이기도 했지만, 제이나 경비원과 마주치지 않으려고 고개를 푹 숙이고 걸었다.

철문을 열고 안으로 들어가자 누군가 홀로 앉아 마티니를 마시고 있었다. 연보랏빛 스커트와 검은색 펌프스가 컬을 살린 적갈색 머리와 완벽한 조화를 이루었다. 전형적인 뉴요커 스타일이었지만 엄청난 미인은 아니었다. 그녀는 사람들이 흔히 말하는 아우라를 가지고 있었다. 말하자면 거리에서 마주쳤을 때 순간적으로 그 사람의 세계를 상상하게 만드는 타입의 여성이었다. 근사한 집, 잘생긴 남편, 완벽한 생활……

'저 여자는 절대 나처럼 비참하다는 생각은 하지 않을 거야. 남자친구에겐 오늘 하루 어떻게 지냈는지 다정하게 물을 거고, 쉴 새 없이 울려대는 이메일 알림 따위는 무시할 거야. 일도 척척 해내고 쓸데없는 불평은 한 귀로 흘려버리겠지.'

나는 그녀가 이쪽을 한 번 돌아봐 줬으면 하는 마음에 가방에서 책을 꺼내 들고 읽는 체했다. 그녀가 왠지 말을 걸어오는 것 같았지만 내가 아닌 다른 사람을 향한 것이라 생각했다. 그러다 문득 고개를 들자 그 빛나는 여자가 나를 향해 미소 짓고 있었다. "나도 그 작가 좋아해요."라고 그녀는 나에게 말했다. 이름은 조앤이었고 맨해튼에 있는 한 대기업의 마케팅 이사였다. 사실 그녀를 관찰하느라 정신이 없어서 무슨 말을 나누었는지는 기억이 잘 나지 않는다. 조앤은 자신감 넘치고 매력 있는 커리어우먼, 모든 것이 완벽한 조화를 이룬 여성이었다. 나는 그녀에게 단번에 매료됐다.

마티니 두 잔을 비운 후부터 좀 더 개인적인 얘기가 오갔다. 남자친구를 어디서 만났는지, 가장 좋아하는 취미는 무엇인지, 왜 월요일 밤 혼자 바에서 술을 마시고 있었는지 등등. 그녀는 프로젝트를 하나 마무리한 기념으로 혼자 술을 즐기려던 참이었다. 점점 취기가 올랐다. 마침내 나는 그녀에게 집에 가기 싫다고 말했다. 가끔은 내가 아닌 것처럼 느껴지지만 이런 기분을 말로 설명하기가 어렵다고 털어놓았다. 그러자 그녀가 이렇게 말했다.

"그냥 차근차근 말해 봐요."

그 말에 닫혀 있던 내 마음이 움직였다. 나는 숨겨두었던 고민을 쏟아내었다. 집과 남편, 뉴욕에 있는 직장. 내가 원하는 것들을 어느 정도 얻기는 했지만 조금도 행복하지 않다고. 아무리 애를 써도 걱정이 사라지지 않는다고, 그래서 스스로 무너지고 일을 그르치곤 한다고. 나이가 들수록 자신을 통제할 수 없는 기분이라고. 왜 삶이 잘 풀릴 때조차 불안함을 느껴야 하는지 잘 모르겠다고.

숨겨온 마음을 전부 털어놓자 비로소 정신이 들었다. 조앤은 술잔을 반쯤 비운 상태로 말없이 나를 응시하고 있었다. 갑자기 심장이 쿵쾅거리기 시작했다. 나를 정신머리 없는 여자라고 생각하는 것은 아닐까? 너무 많은 얘기를 해버렸나? 아니면 내게 겁을 집어먹은 걸까?

"당신도 느끼고 있었네요."

마침내 그녀가 입을 열었다.

"뭘요?"

내가 물었다.

"그 기분을요."

그 기분이라니? 내가 떨쳐버리지 못한 감정들을 말하는 건가? 긴장감, 예민함, 좌절감처럼? 조앤은 내가 스트레스를 받고 있다고 말하지는 않았다. 남자친구나 직업을 갈아치우라고, 한심하다고 말하지 않았다. 단지 나보다 먼저 나와 같은 경험을 맛보았다고 말했을 따름이다.

"나도 그런 기분을 느껴요."

그녀의 말은 흔들리던 내 마음을 멈추게 했다. 그랬다. 나는 감정 기복이 심한 사람이었다. 이는 명백한 사실이었다. 그녀가 무슨 말을 했는지, 어떤 심정이었는지는 더 이상 중요하지 않았다. 중요한 것은 그녀가 무엇을 보여주고 있는가에 대한 것이었다. 희망, 가능성, 변화……. 나는 그 실체가 무엇인지 파악해야겠다고 마음먹었다. 그날 밤 그 바를 빠져나오면서 나는 나를 옭아매던 그 감정들을 낱낱이 파헤쳐 보리라고 단단히 결심했다.

여성들의 감정

조앤의 말은 다른 누군가에겐 그저 친절한 위로, 혹은 스쳐 지나가는 뻔한 말에 불과했을지 모른다. 하지만 나는 그녀의 말을 통해 세상을 완전히 새로운 눈으로 바라보게 되었다.

나는 항상 다른 사람들의 감정 변화에 민감했고 그들의 기분을 맞추는 데 급급했다. 하지만 그들도 나처럼 감정 기복이 심했다.

무엇보다 그들의 기분이 나와 무관한 경우가 훨씬 많았다. 나는 이제 상사의 목소리가 날카로워지면 그냥 '오늘 뭔가 안 좋은 일이 있었구나'라고 생각해버린다. 또 스타벅스 직원이 무뚝뚝한 태도를 보일 때도, 내가 팁을 적게 내서 그런 것이 아니라 그 사람에게 뭔가 기분 나쁜 일이 있어서 그러리라고 여긴다.

나는 제이와 함께 살면서 이러한 감정 기복이 남성보다는 여성 쪽에서 더 많이 나타난다는 것을 발견했다. 실제로 타인의 기분을 감지하고 정서적인 의미를 파악하는 성향이 주로 여성에게서 나타나는 것은 아이들을 잘 돌보고 종족을 유지하기 위해 뇌 기능이 남성과 다르게 진화했기 때문이라는 연구 결과가 있다. 또 여성들이 했던 말을 살펴보면 그들의 마음속에 자리한 감정적 혼란이 얼마나 큰지 알 수 있다.

"어느 날 수영장에 앉아 있는데 뺨 위로 눈물이 주르륵 흘러내렸다. 나는 나름 성공한 데다 자신감에 넘쳐 있었지만 만족스럽지는 못했다. 마음속에서는 대폭발이 일어나고 있었던 것이다."

나는 배우 잉그리드 버그먼이 어떤 심정에서 이렇게 말했는지 헤아릴 수 있다. 또 가수 스티비 닉스가 "나는 결코 고요한 푸른 바다였던 적이 없다. 나는 항상 폭풍우였다."라고 노래하는 걸 듣고 감정적 혼란이 나만 앓는 고약한 병은 아니구나 싶었다.

기분, 그것은 여성을 여성답게 만드는 그 무엇이었다. 그리하여 나는 〈여성들의 말Words of Women〉이라는 프로젝트를 시작했다.

절망에 짓눌려 있던 시기에 온라인 커뮤니티를 개설한 것이다. 내가 발견하고 터득한 것들, 나에게 도움이 되었던 모든 감정을 하나도 빠뜨리지 않고 꼼꼼히 기록했다. 당시 나를 가장 괴롭힌 기분 중 하나는 확신 없는 불안감에서 오는 외로움이었다. 외로움의 진정한 동기가 무엇이든, 내가 찾고자 하던 것을 나눌 필요가 있었다. 조앤을 만난 이후 혼자가 아니라는 것을 깨달았기 때문이다. 누군가 "나도 그렇게 생각해"라고 공감해 주었을 때의 기분을 다른 사람들과 나누고 싶었다.

여성들만 이런 감정을 느낀다는 것을 알았으므로, 나는 주로 여성들을 찾아다녔다. 유명한 여성들의 인용문이나 인터뷰를 공유하면서, 그에 관한 비하인드 스토리를 게재했다. 이리하여 나는 다른 여성들이 자신의 기분이나 감정을 조절할 수 있도록 도울 수 있었다. 과자 만드는 법이나 피부 관리 요령뿐만 아니라 내가 망쳐 버린 하루, 글을 쓰며 느꼈던 불안감, 그것을 극복하는 데 도움이 되는 이야기들을 보내기 시작했다.

내 기분은 내가 결정합니다!

기분이 좋으면 나의 본 모습이 자연스럽게 나타났다. 그러나 기분이 상하면 나는 내가 아닌 다른 사람이 되어 버렸다. 좋은 기분은 하나였지만 나쁜 기분은 항상 다르게 느껴졌다. 맛도, 무게도, 강도도 모두 달랐다.

친구들이 나만 쏙 빼놓고 놀러 간 것을 인스타그램을 통해 알았을 때의 기분, 크리스마스 때 고모가 내 몸무게를 가지고 놀렸던 기억, 붐비는 지옥철을 타고 퇴근할 생각에 사무실에서부터 안절부절못했던 순간. 내 영혼을 바닥으로 끌어내렸던 각양각색의 말과 기분들……

오랜 세월이 지나서야 이해가 됐다. 기분이 아니라 부정적인 감정을 일으키는 계기가 문제였다. 누군가, 혹은 어떤 상황이 나를 자극하면 미친 듯이 화가 났다. 그래서 한동안 나를 자극하는 모든 것을 피하려고 했다. SNS에서 손을 떼고, 엄마에게 전화하는 횟수도 줄이고, 헤어스타일도 바꿨다. 직장마저 옮겨버렸다. 그런데 한 가지 문제점을 해결하고 나면, 또 다른 어려움이 찾아왔다. SNS를 끊으니 술집이나 잡지 광고에 있는 예쁜 모델들이 눈에 들어오기 시작했고, 엄마와 대화를 줄이니 제이나 상사, 그리고 친구들이 나를 괴롭혔다. 직장에서 보내는 시간이 줄어드니 집에서 화내는 일이 더 잦아졌다. 결국 나는 그런 일들을 피할 수 없음을 깨달았다. 그것은 내 삶의 일부였고, 내가 마음대로 바꾸거나 피할 수 없었다. 내 기분은 내가 결정해야 했다.

이 책을 통해 당신은 우리 감정의 깊숙한 곳으로 나와 함께 여행을 떠날 것이다. 최고의 삶을 살지 못하게 만든 그 기분들, 거기 숨겨진 의미와 본질을 찾아 나서게 될 것이다. 가끔은 보잘것없는 사건들이 상처를 줬지만 나는 곧바로 그 기분에 대해 기록했다. 짧게는 몇 주, 길게는 몇 달 동안 기분을 탐구하고 감정을 조절했다. 언젠가 그와 같은 순간이 또 찾아올 것이기 때문이었다. 다음번에 이와 비슷한 계기가 되어 비슷한 감정을 느낄 때 대처해야 할 방법을 찾아야 했다.

그동안 나는 결혼을 했고, 새 직장을 가졌으며, 아파트도 옮겼다. 블루밍데일스 백화점 한복판에서 남자친구와 다투기도 했다. 하지만 이런 일들에 대한 내 생각은 이전과는 크게 달랐다. 삶에서 겪는 고통을 직접 관찰하면서, 후회가 몰려들 때의 반응을 분석하면서, 특정한 기분에 빠질 때 자신의 감정을 확인하고 내 옆을 스쳐 지나가는 감정들을 의식하면서, 이전에는 결코 하지 못했던 '감정과의 거리두기'를 할 수 있게 되었다. 예전에는 어떤 감정에 빠지면 그 감정에서 헤어나지 못하곤 했다. 이제 나는 한쪽으로 물러나서 나의 감정을 살핀다.

'그래, 난 지금 이런 기분을 느끼고 있는 것 같아. 하지만 왜지? 이 기분이 나한테 말하려고 하는 게 뭘까?'

한때는 자연스러운 감정과 그에 따른 자연스러운 반응이라고 생각했던 것에 대해서도 의문을 품으며 문제점을 파악해나갔다. 뿌리 깊은 문제였고, 개선하기 전까지는 다양한 형태로 계속 나타날 고민이기도 했다. 긴 시간 동안 거리두기를 한 결과 나는 예민하고 불안정하고 변덕스러운 삶에서 벗어났다. 극복하며 미래로 나아가는 여자, 인생 최악의 순간들로부터 새로운 지혜와 평온함을 얻어내는 여자로 거듭 태어날 수 있었다.

사람들이 나를 어떻게 보느냐가 아니라
내가 어떻게 사람들을 보느냐에 따라 세상은 정의된다.

_ 아녜스 바르다 Agnès Varda

기분 하나

· ·

과거와 미래를
도전으로 받아들여라

과거를, 네가 한 일을 잊어버려라.
왜냐하면 다음에 할 수 있다고 생각하는 것이 중요하기 때문이다.

_ 아이리스 머독 Iris Murdoch

현충일 다음 화요일이었다. 제이와 나는 막 브루클린 지하철역에 내려서 여행 가방을 끌며 걷고 있었다. 우리 둘의 피부는 햇빛에 살짝 그을려 있었다. 겨울이 마지막을 고하려는 듯, 따뜻한 바람이 불었다. 꽃향기가 날아와서 뉴욕의 먼지와 우리의 땀방울에 뒤섞여 기막힌 냄새를 만들어 냈다. 바로 '가능성의 냄새'였다.

이제 막 책을 쓰기 시작한 참이었다. 비록 구체적인 출판 계획은 정해지지 않았지만 미래는 잔잔한 바다처럼 눈앞에 놓여 있었다. 문제는 그 바다가 얼마든지 돌변할 수 있다는 점이었다. 그 기분이 찾아오면, 가장 평온했던 날조차 거센 폭풍에 휘말렸다.

우리는 홀푸드(미국의 유기농 식품매장: 옮긴이 주)에 들러 저녁거리를 사서 집으로 갈 작정이었다. 제이는 나에게 잠깐 밖에서 기다리고 있으라 말하고는 사람들을 비집고 마트로 들어갔다. 두 개의 검은색 여행 가방을 지켜보며 소화전 위에 걸터앉아 제이를 기다리는 동안 나는 내가 얼마나 운이 좋은 사람인지에 대해 생각했다.

뉴욕에 살다니 정말 운도 좋아. 나 편하라고 복잡한 마트에 혼자 들어가는 남자친구도 있고 말이야. 꽃다운 나이에 달달한 연애도 하고, 얼마나 좋니?

그때 갑자기 휴대폰에서 진동이 울렸다. 뒷주머니에서 휴대폰을 꺼내 이메일 알림을 살짝 밀고 내용을 보았다. 나는 마케팅 회사에서 일하고 있었는데, 상사는 내가 다음 프레젠테이션 준비를 언제 끝낼 수 있는지 이메일로 묻고 있었다. 그냥 이메일 하나 받은 것에 불과했다. 그러나 부탁 한 줄에 숨어있는, 무수한 요구가 그놈의 버튼을 눌렀다. 안 좋은 생각들이 무성영화처럼 재생되기 시작했다. 다음날 출근하기 싫은 이유들이 줄줄이 떠올랐다. 통근, 이메일, 회의 따위가 주말을 맞아 겨우 얻은 평화를 산산조각 내다니.

마지막으로 했던 프레젠테이션이 떠올랐다. 클라이언트가 눈을 동그랗게 뜨고 나를 바라보았을 때 손바닥에는 땀이 흥건했고, 동료 베키는 내가 만든 자료에 오타가 났다고 지적했다. 베키는 정말 나쁜 년이었다. 아니, 어쩌면 베키가 옳았다. 오타가 잦아서 다른 출판사에서도 내게 답장을 하지 않았나보다. 그런데도 책을 쓰기로 하다니, 잘하는 짓일까.

그 순간 제이가 불쑥 나타났다. 멍하니 있던 나는 깜짝 놀랐다. 제이가 마트에 들어간 15분 동안, 아무렇지 않은 척하려고 노력했다. 제이 같은 남자가 어쩌다 내게 푹 빠졌는지 상기하려 했다. 그러나 제이가 마트문을 열고 나타날 무렵쯤엔 내 표정은 있는 대로 뒤틀린 후였다.

"테레사 수녀님, 기다려주셔서 감사합니다."

그가 농담을 던졌다.

"그럼, 당연하지. 안에 사람들 많지?"

억지로 출연하게 된 연극 대본을 읽는 것처럼 내 목소리는 차갑고 단조로웠다.

"응, 맙소사. 정말 말도 안 되게 많았다니까. 이 시간에 홀푸드가 그렇게 놀기 좋은 곳인가?"

그는 나를 웃기려고 했다.

"그런가 보네."

나는 잠시 숨을 고르며 마음을 진정시켜 보려고 했다. 하지만 내 입에서는 다른 말이 튀어나왔다.

"우리 그냥 빨리 집에 가면 안 될까? 할 일이 아주 많거든."

제이는 내 말을 듣고 씁쓸한 표정을 지었다. 나는 나도 모르게 그의 감정을 휘어잡고 있었다.

"이런." 그가 말했다. "뭐가 자기를 힘들게 했는데?"

"그냥 집에 가고 싶다니까."

나는 화를 냈다. 보여주고 싶었던 것과는 정반대 모습을 보여주고 있었지만 멈출 수가 없었다. 마음이 한 번 상하고 나니 돌이킬 수 없었다.

"거의 다 왔네."

제이는 아파트까지 다섯 블록을 걸어가는 동안 나에게 한 마디도 하지 않았다. 나는 그가 무슨 생각을 하는지 알고 있었다. 젠장, 도대체 무슨 일이 있었던 거야? 잠깐 마트에 들어갔다 나왔을 뿐인데 여자친구가 완전히 다른 사람이 되어 버렸다고! 평온했던 마음이 어떻게 15분 만에 스트레스로 가득 찰 수 있지? 고작 이메일 하나 받았을 뿐인데. 하지만 모든 것은 달라져 있었다.

과거와 미래 그리고 불안

나도 이게 무슨 일인가 싶었다. 2분 전까지만 해도 다 좋았다. 봄은 산뜻했고, 새싹을 틔운 나무들 사이로 집에 가는 길은 즐거웠다. 사랑하는 사람과 함께하게 된 것도, 뉴욕에 살게 된 것도, 그토록 오랫동안 원했던 삶을 갖게 된 것도 너무나 감사한 일이었다. 그런데 갑자기 모든 것이 캄캄해졌다. 제이에게 느꼈던 사랑의 달콤함도 사라졌고, 꿈과 가능성으로 열려 있던 지평선은 결코 건너갈 수 없는 광대한 사막으로 변했다. 삶은 힘들고 불공평했다. 목구멍이 조여드는 기분이었다. 집에 온 나는 제이에게 너무 지쳐서 당장은 식사 준비를 못하겠다고 말했다. 그리고는 반사적으로 넷플릭스를 켜고 소파에 몸을 던졌다. 사흘 동안의 평온한 주말이라는 마법은 무참히 깨져 버렸다. 내 모든 정신은 '내가 해야 할 일들'로 쏠리고 말았다.

내가 해야 할 일들

☺ 완벽한 결혼식 올리기 – 사람들은 그런 결혼식이라면 멀리서도 찾아오는 수고를 감수하니까.

☺ 아이를 갖기 – 그러나 지금 당장 임신하지는 말 것.

☺ 사회적으로 성공하기 – 단, 임신해서 떠나더라도 감당이 되는 직장에서.

☺ 건강 돌보기 – 그래도 유기농 식품에 너무 많은 돈을 낭비하지는 말 것.

☺ 미모 관리 – 하지만 모든 돈을 그 노력에 쓰지는 말고.

☺ 술 끊기 – 그럼에도 더 많은 사람들과 교류할 것.

☺ 메일에 답장하기 – 어쨌든 받은편지함이 가득 차도록 내버려 두지 말 것.

☺ 돈 모으기 – 혹은 지출 줄이기?

☺ 집세 내기 – 이미 너무 많이 내고 있지만.

☺ 처방전 가지러 가기 – 그리고 약국에서 날아온 메시지 싹 다 삭제.

☺ 집 사기 – 매달 지출하는 월세를 생각하면 희망사항일 뿐이지만.

여러 생각들이 계속해서 머릿속을 휘감았다. 누군가를 탓하기 위해 머리를 쥐어짜는 동안 긴장감은 점점 고조되었다. 내가 품은 고통스러운 기억, 미래의 문제는 내 탓이 아니었다. 엄마가 말하지 않았다면 임신에 대해 스트레스를 받지 않았겠지. 외모에 이토록 신경이 쓰이는 건 사회가 사람들을 그런 식으로 몰아가기 때문이야. 제이가 이 동네에서 살자고 하지 않았다면 지금처럼 많은 돈을 낼 필요는 없었을 텐데.

허점투성이 주장들이었다. 어쨌든 내 인생이었고, 다른 누구의 잘못은 아니었다. 스스로를 착각에 빠뜨린 온갖 추측이 사라지자, 그 자리에는 '내가 이놈의 기분 때문에 모든 것에 스트레스를 받고 있구나'라는 깨달음만 남았다.

엄마도 종종 이런 기분에 빠지곤 했었다. 엄마는 우리 가족이 여행을 떠날 때마다 지저분한 집안이며 남은 집안일에 대해 집착하곤 했다. 차가 막혀 비행기를 놓치게 될까봐 발을 동동 구른 적도 한두 번이 아니었다. 엄마의 목소리가 딱딱하게 들린다 싶으면 우리는 엄마의 상태를 무시하거나 분위기를 바꾸는 데 익숙해져 있었다. 우리가 엄마를 도울 방법은 없었고, 엄마도 도움을 원하지 않았다. 도우려 하면 사태는 오히려 악화되었다. 숱하게 겪어봐서 그 점을 잘 알고 있었으니, 할 수 있는 일은 그저 배낭이나 손잡이를 꽉 쥔 채 아빠의 핏대 선 얼굴을 바라보는 것뿐이었다. 아빠는 마침내 폭발해서 엄마에게 진정하라고 고함을 쳤다. 하지만 엄마는 진정할 수 없었고, 진정하지도 않았다. 엄마에 이어 아빠마저 다루기 힘든 존재가 되는 것으로 사태는 마무리되곤 했다.

제이가 방금 사 온 식재료를 정리하는 동안, 소파에 누워 고통스럽게 깨달았다. 나 자신이 소리쳤을 때와 똑같은 기억 속 목소리, 낯설지만 너무나 익숙한 목소리.

'내가 엄마처럼 되어가고 있구나!'

엄마와는 달리, 내 기분은 여행의 시작이 아닌 끝물에 요동쳤다. 엄마는 씩씩거리지 않고는 진정할 수 없었고, 나는 충격 없이는 제자리로 돌아올 수 없었다. 어느 쪽이든 감정을 추스르지 못하기란 마찬가지였다. 긴장감을 드러내지 않고서는 상태에서 상태로, 사건에서 사건으로, 순간에서 순간으로 넘어갈 수 없었다. 한참이 지나고서야 이러한 기분을 '불안'이라고 부른다는 걸 깨달았다.

미국심리학협회는 불안을 "일어날 일, 또는 일어날 수 있는 일들에 대한 긴장과 걱정, 신체적 변화를 뜻하는 감정"이라고 정의한다. 연구에 따르면 여성은 남성보다 두 배나 더 많이 걱정하며, 이로 인해 불안감에 시달릴 가능성이 두 배 더 높다. 또한 여성은 과거의 나쁜 사건들과 미래에 일어날 수 있는 부정적인 사건을 연관 지을 가능성, 즉 앵커링 효과로 알려진 인지적 편향성이 더 높다. 바브라 스트라이샌드의 일화는 이 현상을 잘 설명해 준다.

1967년 바브라 스트라이샌드는 가수와 배우로서 최고 인기를 누리고 있었다. 그녀는 막 영화《퍼니 걸》촬영을 마치고 자신의 새 앨범 홍보를 위해 콘서트 투어를 하고 있었다. 그녀는 센트럴 파크 콘서트에 모인 15만 명의 관객 앞에서 그만 가사를 잊고 얼어붙었다. 다행히 그날 콘서트가 중단되는 일은 없었다. 바브라 스트라이샌드는 그 후로도 음악 활동을 이어 나갔고 결과적으로 52개의 골드 어워드, 31개의 플래티넘 어워드, 13개의 멀티 플래티넘 어워드를 받음으로써 올타임 베스트셀링 아티스트 탑 텐 리스트에 오른 유일한 여성이 되었다.

하지만 그녀에게 중요한 건 수상 이력이 아니었다. 그녀는 센트럴 파크에서의 실수로부터 굴욕감과 수치심을 느꼈고, 그래서 거의 30년 동안 콘서트 투어를 하지 못했다. 그녀는 당시의 기억을 떠올리며 이렇게 고백했다.

"그날 이후 전 27년 동안 노래로 사람들에게 돈을 받지 않았어요. 노래를 부를 때마다 '맙소사, 또 가사를 잊으면 어떡하지?' 하는 생각만 들었거든요."

1994년 그녀는 다시 무대에 서겠다고 발표했다. 티켓은 하룻밤 사이에 매진되었고, 스트라이샌드는 매일 저녁 1천만 달러를 벌어들였다. 그러나 그녀는 오늘날까지도 센트럴 파크에서 느꼈던 그 불안감 때문에, 간절히 원하는 것이 없다면 투어 공연을 할 수 없을 것 같다고 이야기한다. 모딜리아니의 그림을 얻기 위해서 넷플릭스에 출연했을 때 그녀는 이렇게 말했다.

"저는 돈이 아니라 제가 사랑하는 것들을 위해서 일할 거예요."

과거에 대한 집착과 두려움의 결과로 나타나는 불안은 여성들에게는 그야말로 골칫덩어리다. 불안은 과거와 미래뿐 아니라 현재에서도 우리 자신을 명료함으로부터 벗어나게 하니까. 이런 상태에 빠지면 우리는 제대로 역할을 해낼 수 없고, 자신의 삶을 놓치게 된다. 불안할 때 우리는 진정으로 살아있다고 할 수 없다. 그저 견뎌낼 뿐이다. 불안이 지나가기를 버티면서 기다리지만 그 몇 분, 몇 시간, 아니 며칠을 그저 잃어버리는 것이다. 해답은 너무나 분명했다. 미래에 대한 걱정을 멈추고, 과거의 일에 연연하지 않아야 했다.

'불안은 생각에 불과해. 잠깐 동안 솟구치는, 훈련되지 않은 생각 말이야.'

하지만 마음공부나 명상모임 따위에 시간을 쏟아 부어도 이런 생각들이 사라지진 않았다. 내 마음은 늘 어두운 과거 속을 이리저리 떠돌았고 가끔은 미래를 헤매기도 했다.

과거와 미래는 벗어나기엔 버겁고도 강력한 상대였다. 그 대신 밀려오는 파도를 타고 넘는 항해사처럼 나는 과거와 현재, 미래를 넘나드는 법을 배워야만 했다.

글쓰기라는 두려움

나는 진심으로 믿는다.

당신이 인생에 대해 알아야 할 모든 것은

글을 쓰려는 성실하고 지속적인 시도로부터 배울 수 있다는 걸.

_ 대니 샤피로 Dani Shapiro, 작가

'그 기분'을 연구하기 위해서는 일부러 불안한 경험을 찾거나 무슨 일이 일어나기를 바랄 필요가 없었다. 나는 인생에서 가장 불안한 시기를 지나고 있었으니까.

책을 쓰는 동안 나 자신이 불안에 대한 집중훈련 과정을 겪고 있음을 알게 되었다. 내 과거와 미래만을 눈앞에 둔 채, 몇 년 동안을 내 생각 속에 갇혀 있었다. 꿈꾸기를 시작했을 때, 그에 뒤따를 고통은 생각지 않고 흥분부터 했다. 그러나 석 달이 지나자 나는 두려움이라는 바다에 빠져 허우적대고 있었다. 여백과 백지, 그리고 새로운 메일이 없다는 사실에 대해 그토록 격렬하게 좌절한 적은 없었다. 나는 샤워를 하면서 울었고, 머리카락을 씹어대는 버릇이 새로 생겼다. 오른쪽 눈에는 경련이 일어나곤 했다. 무력감을 느꼈다. 존 디디온이 《베들레헴을 향한 느린 걸음》을 쓰면서 느낀 고통을, 나도 똑같이 느꼈다. 디디온은 그때의 고통을 다음과 같이 묘사했다.

"고통은 나를 잠 못 들게 했다. 스물네 시간 중 스물한 시간 동안 진과 뜨거운 물로 고통을 달래야 했고, 나중에는 진의 쓴 맛을 없애가면서까지 작품을 썼다."

그러나 나는 작품은커녕 자리에 앉아 아무것도 쓰지 못하고 몇 시간이나 앉아 있었다. 글을 쓸 때마다 불안감이 나를 엄습했다.

'아무도 책을 사지 않으면 어떡하지? 글쓰기를 끝내지 못하면 어떡하지? 두 번 다시 글을 쓸 수 있을까?'

단어 하나 못 쓰고 세 시간 만에 침실에서 나온 나는 말없이 위스키를 따랐다. 글쓰기에 실패했던 지난날의 기억들, 악의적인 서평들은 물론 나오지 않은 미래의 책에 이르기까지 온갖 복잡한 생각들이 나를 흔들어대고 무너뜨렸다. 언제나와 같이, 나 자신에 대한 의심 때문에 괴로웠다. 제이가 옆에서 곤히 자고 있을 동안에도 나는 두려움으로 마비 상태가 되어 뒤척거렸다. 이런 상태에서는 어떤 것도 제대로 해낼 수 없을 터였다.

날 일으켜 세울 무언가가 필요했다. 나 자신에게서 빠져나올 구원의 길을 찾아야 했다. 한 손으로는 위스키를 따르며, 다른 한 손으로는 지금껏 몇 번이고 그래왔듯 탐색을 시작했다. 다른 여성들은 어땠을까? 저널리스트와 예술가, 지도자들의 인용문은 물론, 퓰리처상 수상 작가와 노벨상 수상자들의 인터뷰도 찾아보았다. 《파리 리뷰》와 《뉴요커》의 기사를 샅샅이 뒤지면서, 여성들이 어떻게 미지의 바다에서 항해를 계속하는지 알아보았다. 어떻게 그들은 미래의 모든 일들에 맞서 자신을 지켜낼 수 있었을까?

내가 찾아낸 글쓰기 조언들은 정확히 인생에 관한 조언들이었다. 작가들이 백지를 놓고 씨름하는 방식은 내가 삶에 맞서 씨름하는 방식과 같았다.

불안감에 대처하는 작가들

가장자리부터 맞춰 나가라.

퍼즐을 잘하는 사람들은 그렇게 한다.

그들은 수많은 색상과 모양을 무시하고 가장자리부터 찾는다.

작은 구석에서부터 맞춰나가는 데 초점을 맞춘다.

_ 대니 샤피로 Dani Shapiro, 작가

좋은 미래를 만들려면 현재를 직시해야 한다.

_ 시몬 드 보부아르 Simone de Beauvoir, 철학자

내가 일하려고 앉을 때,

나는 그저 작은 한 가지 일을 바로잡으려고 노력한다.

_ 데보라 아이젠버그 Deborah Eisenberg, 작가

넓은 세상과 그 모든 불안은 잊어라.

다만 한 마디, 한 마디씩을 써라.

_ 앤 엔라이트 Anne Enright, 작가

자신이 누구인지, 어디에 있는지, 무엇을 하고 있는지 기억하라.

_ 캐서린 앤 포터 Katherine Anne Porter, 소설가

작가들의 의견은 서로 통하는 데가 있었다. 계속 현재에 머물러라. 당신 앞에 있는 것에 집중하라. 앞서가지 말고, 중간과 끝은 걱정하지 말고, 지금 쓰는 페이지를 마저 써라. 수많은 작가들 가운데서도, 소설 《천 에이커》로 퓰리처상을 받은 제인 스마일리는 이 점을 가장 뚜렷하게 주장했다.

"글쓰기란 한 번에 오직 한 단어를 쓰는 일이다. 한 번에 모든 것이 이뤄지지 않는다. 페이지를 마주하면 당신은 두어 마디, 그 다

음 두어 마디 더, 혹 운이 좋으면 한 문장이나 한 단락 정도를 쓰게 될 뿐이다."

간단하면서도 심오한 방식이었다. 뻔하지만 간과되어 온 사실이기도 했다. 한 번에 한 단어. 한 문장. 한 권의 책. 문득 그게 인생의 구조와 닮아 있다는 생각이 들었다. 한순간. 어느 날. 어떤 인생. 책이 단어들로 이루어진 것처럼, 인생은 순간들로 이루어진다. 내가 집중하고 있는 단어는 그 다음 단어로 이어진다. 내가 지금 살고 있는 순간은 나의 미래로 이어진다.

다시 글을 쓰러 들어가 앞에 보이는 단어에 집중하자 책의 나머지 부분에 대한 두려움이 사라지기 시작했다. 나는 여기서 두 가지 깨달음을 얻었다. 미래에 대해 걱정할 시간도, 정신적 여유도 없다는 점과, 순간에 집중하면 미래는 저절로 관리가 된다는 점이었다. 왜냐하면 미래는 살아온 순간들의 결과이기 때문이다.

지금 식기세척기를 손보면, 더 이상 그 일에 시간을 할애하지 않아도 된다. 프레젠테이션 준비를 잘 마치면, 이후의 직업적 안정이나 상사의 평가에 대해서는 염려하지 않아도 된다. 이번 장에 초점을 맞추고 나니 다음 장을 두려워할 필요가 없었다. 그때부터 나는 스스로를 믿기 시작했다. 현재를 사는 것이 바로 미래의 나 자신을 돌보는 일임을 깨달았다. 자신에 대한 믿음이 커질수록 미래에 대한 걱정은 줄어들었다.

싫은 건 쓱 밀어내라

> 내가 놀라운 걸로 바꿔버릴 수 없는 것이라면,
>
> 무엇이든지 그냥 그대로 놔두었다.
>
> _ 아나이스 닌 Anaïs Nin, 작가

내가 언제 현재에 집중하지 못하는지를 알아차리기. 이는 자기를 극복하는 데 있어 중요하다. 나는 마음이 집중하지 못하고 방황할 때를 기다렸다. 마음의 방황이 언제 시작하는지를 알아채서, 그것이 이끄는 어두운 길을 무의식적으로 따라가지 않도록 하기 위해서였다. 무척 어려운 일이었다. 뇌에서 자동적으로 이루어지는 일을 어떻게 알아차릴 수 있단 말인가?

우리의 머릿속 생각은 깨어 있는 시간의 47%나 방황한다. 우리가 쉬려고 할 때마다 뇌의 전두엽 활동이 활성화하기 때문이다. 지하철역에 들어설 때마다 예전 일이 저절로 떠오른다거나, 샤워하다 갑자기 마트에서 무얼 샀어야 했는지 기억해 내는 이유가 바로 여기에 있다.

뇌에서 나오는 생각의 적어도 3분의 1은 부정적인 것이라는 점도 확인되었다. 또 다른 연구에서는, 사람들은 아무 일도 하지 않을 때보다 교통체증이나 줄 서서 기다리기 같은 불쾌한 일이라도 경험할 때 오히려 더 행복하다는 결론마저 나왔다.

그런데 마음이 방황할 수 있다면, 그 마음을 제자리로 돌아오게 할 수도 있다! 한 연구에 따르면, 우리 마음이 방황하고 있음을 알아차리고 주의를 다른 곳으로 돌리는 데는 12초가 걸린다고 한다. 명상하는 사람들에게는 그 시간이 훨씬 더 짧다. 뇌의 신경 재생성 때문이다. 연습을 거듭하면 행동은 습관이 되고, 그 습관에 따라 뇌는 스스로 재생한다. 만약 당신이 몇 년 동안 명상 훈련을 제대로 한 사람이라면, 당신의 뇌는 마음이 방황을 시작했을 때 다시 현재로 돌아오도록 하기 위해 아주 빠르게 반응할 것이다.

하지만 나는 그런 이야기들이 따분하게 느껴졌다. 무엇보다 마음 건강법이 내가 결코 할 수 없을 것 같은 일에 기초한다는 점이 못마땅했다. 명상을 위해 향초를 사고 명상을 돕는 앱을 다운받고 영적인 분야를 다룬 책을 읽느라 몇 시간씩 보내기도 했지만, 침대에 앉아 호흡을 가다듬을 때마다 기분이 이상했다.

'이건 아냐. 못하겠어.'

나는 명상을 그만두고 작가들의 글에 집중했다. 몇 주 후 대니 샤피로의 글은 내게 깨달음을 주었다. 그녀가 저서 《스틸 라이팅》에서 샤론 잘츠버그의 생각을 인용한 "명상의 진정한 기술은 단지 마음이 방황하고 있음을 알아차리는 것이다."라는 문장을 통해서였다.

이 한 문장을 읽고 나는 불편듯이 명상의 세계를 인정하게 되었다. 당장 적용할 수 있을 만큼 실용적이고 전략적인 발상이었다. 명상 앱도 필요치 않았고, 매일 아침 침실에서 10분을 혼자 보낼 필요도 없었다. 단지 알아차리기만 하면 되었다. 마음이 방황할 때 자신에게 화를 내는 대신, 그것을 하나의 신호로 삼는 것이다.

푼타 카나의 술집에서의 끔찍한 밤, 암에 걸려 죽을지 모른다는 갑작스러운 공포, 결혼도 하지 못하고 아이도 없이 홀로 여생을 보내야 할지 모른다는 불길한 예감.

나는 이런 생각들을 그만두거나 달리 어떻게 해보려고 하지 않고 그저 알아차리려고만 했다. 그러다 문득 그런 생각들이 얼마나 웃기는지를 깨달았다. 미래는 내가 어찌할 수 없는 일이었고, 과거는 더 이상 내 문제가 아니었다.

게임을 하듯이 불안감을 대하기로 했다. 나는 과거의 기억에 사로잡히거나 미래에 대한 불안으로 떠는 대신 그것들을 내가 상대해야 할 하나의 감정으로 여기기 시작했다. 두더지 잡기 게임을 하듯이 불안이 튀어나오면 망치로 때려눕히는 식으로 말이다.

어느 날 저녁 제이에게 이 이야기를 들려줬다. 그는 자신도 그렇게 대처한다고 했다. 문제는 그가 틴더(데이트 어플리케이션. 마음에 드는 상대를 만나면 화면을 오른쪽으로 밀어내고 마음에 안 드는 상대를 만나면 화면을 왼쪽으로 밀어낸다: 옮긴이 주)를 할 때 이런 대처법을 사용했다는 것이었다.

"언제부터 틴더를 했어?"

나는 반 농담으로 물었다.

"몇 년 전에 해본 거야. 틴더의 메커니즘을 이용하는 거지."

그는 틴더 사진을 밀어내듯이 머릿속의 생각을 좌우로 밀어내는 방법을 터득했다.

"마음에 안 드는 생각은 그냥 쓱 밀어버리고, 놔두면 돼."

간단해서 마음에 들었다. 내가 읽었던 글쓰기 조언보다 이해하기가 쉬웠다. 제이의 방법은 연습하면 할수록 쉬워지더니 결국 내게도 습관이 되었다. 막상 습관이 드니 거의 저절로 되다시피했다. 물론 실패할 때도 있었다. 때때로 소파에 멍하니 앉아 지난날의 악몽을 들춰보곤 하니까. 하지만 이제는 그런 일조차 가벼운 게임일 뿐이다. 이번엔 졌지만, 다음번엔 내가 이길 게임 말이다.

최악의 상황을 받아들여라

> 살아남는 것이 중요하다.
>
> 삶은 어려워질 거고, 끔찍한 일들은 벌어질 것이다.
>
> 당신이 할 일은 앞으로 나아가고, 버티고, 강해지는 것이다.
>
> _ 캐서린 헵번 Katharine Hepburn, 배우

마음이 방황하는 순간을 포착하게 되자 마음이 어디로 흘러가는지도 관찰할 수 있었다. 공상은 때때로 나를 즐거운 곳으로 데려다주었지만, 기분에 휘둘리는 날엔 어둡고 고통스러운 생각이 머릿속을 가득 채웠다.

'결혼식이 망하면 어떡하지? 내가 얼어붙으면 어떡하지? 비행기가 연착하면? 갑자기 해고를 당하면 어떡하지? 아예 취직이 안 될 수도 있잖아?'

여성들은 고통을 예상하며 살아간다. 언젠가는 다칠 일이 생길 거라고, 또 아이를 낳으면 아픔을 겪을 거라고 생각하며 그 사실에 별로 놀라지 않는다. 하지만 배신, 부끄러움, 상실감과 같이 외부에서 오는 고통에 대해서는 어린아이처럼 두려워한다. 그렇다면 산더미 같은 일감, 망쳐버린 데이트처럼 우리를 공포에 몰아넣는 상황에서 어떻게 적절히 처신할 수 있을까? 문화비평가이자 여성주의 인권 운동가인 리베카 솔닛은 걱정에 대해 이렇게 말했다.

"걱정이란 당신이 할 수 없는 일에 대해 통제할 수 있다거나 알고 있다는 듯이 속이는 방법 중 하나다."

상황이 불확실한 만큼 마음은 불안해진다. 불확실성을 다스리려는 노력은 삶을 낭비하게 만든다. 결코 일어나지 않을 일을 염려하느라 잃어버린 그 모든 시간은, 고통을 겪을까봐 두려워서 우리가 갖다 바치는 제물인 셈이다.

만일 우리가 고스란히 고통을 받아들이게 되면 어떤 일이 일어날까? 이는 고대 그리스와 로마에서 행해졌고 불교의 토대로 여겨지는, 금욕주의 철학의 핵심이기도 하다. '금욕주의자'는 많은 정의를 가지고 있지만 일반적으로는 '고통에 무심한 자'를 뜻한다. 나도 고통을 그렇게 대하고 싶었다. 무심은 어떤 고통이 오든지 받아들이겠다고 하는 투지를 불러일으키는 단어였다. 고통에 대처할 준비를 하고 일상을 살아가게 만드는 색다른 종류의 용기였다.

철학자 세네카의 일화가 이를 잘 설명한다. 서기 65년경 세네카의 친구 한 명이 편지를 보내왔다. 편지엔 자신이 소송을 당했고,

사람들의 신뢰를 잃거나 추방을 당할까봐 두렵다는 내용이 적혀 있었다. 세네카는 공황에 빠진 친구에게 이런 답장을 보냈다.

"추방을 받아들이게. 사람들의 거절을 받아들이게. 자네가 굴욕을 당하리라는 걸 인정하게. 최악의 상황을 받아들이란 말일세. 사건에서 패소해도 추방이나 수감당하는 것보다 더 가혹한 일은 일어나지 않을 테니까."

편지의 목적은 최악의 생각을 누그러뜨리는 데 있지 않았다. 최악의 생각을 편안하게 느끼도록 만드는 데 있었다. 나는 세네카처럼 모든 상황에 이성적이고 침착하게 대처하는 금욕주의자가 되고 싶었다. 그리고 직장에서 첫 번째로 큰 실수를 했을 때, 그럴 기회를 얻었다.

제이를 기다리며 상사에게 이메일을 받은 지 몇 주 뒤의 일이었다. 다음 한 주간 스트레스를 받으며 전력투구한 결과 프레젠테이션을 잘 마쳤고, 마침내 우리는 고객사와 계약을 했다. 일주일 후에 사무실 책상 위에 새 전단지가 쌓여 있는 걸 봤을 때까진 모든 게 잘 돌아가고 있었다.

나는 마케팅 에이전시의 광고기획 담당자였다. 고객사의 디자인 리소스를 처리하는 일까지 내가 맡고 있었다. 당시 우리가 맡은 고객사는 인지도가 높아서 그 회사의 음악 페스티벌 전단지를 디자인하는 것은 사소해보여도 큰 기회였다. 무엇보다 디자인에서 전달에 이르는 모든 과정을 내 손으로 직접 할 수 있다는 점이 가장 좋았다. 나는 상자 위에 붙은 샘플을 재빨리 훑어본 다음 운송업체를 불러서 상자들을 보냈다. 만 장이 넘는 양이어서 자전거가 아니라 트럭을 불러야 했다.

그런데 두 시간 후 상사가 나를 사무실로 불렀다. 제정신이 아닌 것처럼 보였다.

"네가 전단지 승인했니?"

그녀가 나에게 물었다. 나는 대답을 하기 전에 망설였다. 지금 이건 장난으로 하는 질문인가?

"네, 맞습니다."

"그래서, 넌 몰랐어?"

"뭘 알아야 하죠?"

나는 순간 혈압이 오르는 걸 느꼈다.

"덴버Denver의 철자가 도버Dover라고 되어 있어. 콜로라도 주 도버에서 축제가 열린다는 내용의 전단지를 만 장이나 보냈다고!"

"아, 젠장."

혼자 머릿속으로 말하려다가, 소리를 내서 말해 버렸다.

"그래. 아, 젠장. 지금이 딱 그런 상황이지."

그녀가 말했다. 나는 동료들에게 뒷일을 부탁한 뒤 사무실을 황급히 빠져나왔다. 그리고 방향제 냄새 가득한 화장실 변기에 앉아 엉엉 울면서 지금 상황이 얼마나 거지 같은지 생각했다. 난 어떻게 해고당할까? 고객사가 우리 회사를 소송할까? 누가 알아내든 나는 만 장의 전단지를 잘못 인쇄한 마케팅 에이전시 여직원으로, 업계의 골칫덩이가 될 것이다. 다시는 일을 못하게 될 수도 있다. 하지만 나도 그냥 사람일 뿐이야! 어떻게 모든 걸 다 알겠어? 당시 난 정신없이 바쁜 한 달을 보내고 있었다. 전단지 업무 외에도 나는 다른 고객들을 위해 수백 가지 일을 병행했다. 그러나 변명으로 기분이 나아지지는 않았다.

이제껏 들어본 적은 있지만, 진정으로 경험해 보진 못한 어른의 실수가 바로 이런 거구나. 구원이 없는 순간들 중의 하나구나. 엄마도, 남자친구도, 날 위한 쥐구멍도 하나 없네.

그때 금욕주의가 떠올랐다. 지금이 금욕주의를 연습할 수 있는 시간이었다. 최악의 결과를 맞이했으니, 고통을 받아들이거나 그에 맞서 싸울 수 있었다. 나는 고통을 받아들이고 내가 할 수 있는 일을 했다. 모든 일에 용서와 도움을 구하고 전단지 유통업자에게 환불 여부를 문의하기 위해 이메일을 보냈다. 사정을 설명하기 위해 고객사로 전화를 걸면서 나는 깨달았다. 실수가 고통스러운 이유는 잘못을 고백하기가 힘들기 때문이라는 것을 말이다.

잘못을 인정하는 것은 두려운 일이다. 우리는 그걸 피하기 위해 무슨 짓이든 하지만, 그럼으로써 더 길고 힘든 길을 택한다. 그러나 변명도, 책임 회피도 없이 사과하는 내 모습을 지켜보면서, 정당하게 실수를 받아들이는 편이 훨씬 더 쉬운 일임을 알게 되었다. 잘못을 인정하고 책임을 받아들이자 사람들은 오히려 나를 도와

주려 했다. 이미 인정했기에, 누굴 탓해야 할지 고민하느라 시간을 낭비하지 않고 위기를 수습하는 데 시간을 쓸 수 있었다.

　나는 이제 최악의 경우를 대비했다. 직장을 잃을 수도, 고객사와의 계약이 파기될 수도, 내 경력이 끝날 수도 있었다. 운명을 받아들이니 오히려 불안감이 줄어들었다. 그러고 나서 어떻게 됐냐고? 전단지 유통업자가 다시 인쇄하면 할인해 주겠다는 답장을 보내왔다. 물론 이틀 뒤에 인턴들 중 한 명이 도버에 있는 모든 'O'를 다 지우고 그 위에 누락된 'en'을 써 넣자는 쌈박한 의견을 내놓은 덕분에 인쇄를 다시 할 필요는 없었다. 전 직원이 달려들어 검은색 펜으로 만 장의 전단지를 수정했다. 그 후 우리는 고객사를 잃었고 나는 몇 달 동안 상사의 눈 밖에 나게 되었지만 그렇게까지 괴롭지는 않았다.

　미래에 다가올 고통이 필연적이라는 사실을 받아들이면, 불확실성에 대한 두려움을 떨쳐버릴 수 있다. 고통이 얼마나 클지, 고통이 얼마나 치명적일지에 대한 걱정은 우리의 내면을 긴장시킨다. 최악의 가능성을 받아들이면 나머지는 별 것 아니게 되고, 불안에서도 해방된다.

과거를 이야깃거리로 삼아라

> 내가 이야기를 해버리면, 당신을 웃길 수 있기 때문이다.
>
> 당신이 안타깝다고 느끼게 하느니 오히려 나를 비웃게 만들고 싶다.
>
> 내가 이야기를 해버리면, 그만큼 상처 받지 않기 때문이다.
>
> 내가 이야기를 해버리면, 나는 이야기와 함께 나아갈 수 있기 때문이다.
>
> _ 노라 에프론 Nora Ephron, 영화감독

시간이 지나면서 미래를 받아들이기는 더 쉬워졌다. 미래는 상상력의 산물일 뿐, 기분에 따라 바꿀 수 있는 무엇에 지나지 않았다. 그러나 과거는 그리 유연하지 않았다. 과거는 고정되어 있고, 주어져 버렸으며, 뿌리가 깊이 박혀 있었다. 뚜껑을 닫고 상자 속에 처박아 둘 수밖에 없는 물건과도 같았다.

노라 에프론처럼 살고 싶었다. 그녀의 작품을 접한 것은 책보다 영화가 먼저였다. 《해리가 샐리를 만났을 때》, 《유브 갓 메일》, 《시애틀의 잠 못 이루는 밤》, 《줄리 & 줄리아》 등등. 나는 그녀가 완벽한 삶과 완벽한 직업, 완벽한 마음을 가졌다고 생각했다. 뉴욕에서 살며 글쓰기에 대한 좌절과 열망에 사로잡혀 있을 무렵, 나는 그녀에 대한 새로운 사실을 알게 되었다.

1979년. 노라 에프론이 결혼해서 워싱턴으로 이사 온 지 꼭 3년이 지났을 때였다. 그녀가 둘째 아이를 임신하고 있었을 때, 남편 칼 번스타인은 마가렛 제이와 바람을 피우고 있었다. 뉴욕으로 돌아와 홀로 아이를 낳는 순간은 노라 에프론의 삶에서 가장 끔찍하고 어두운 구간이었다. 하지만 4년이 지나자, 그 순간은 가장 밝은 구간으로 바뀌었다. 영화감독 마이크 니콜스는 당시를 회상하며 이렇게 이야기했다.

"고틀립의 집에 머물며 6개월 동안 실컷 울더라고요. 그걸로 이야기를 썼어요. 거지같은 상황을 재미있게 글로 써서 그녀가 이겼죠. 전 세계에 있는 배신당한 여성들은 환호했어요."

그때의 이야기를 다룬 작품이 바로 《제2의 연인》이다. 책은 세계적인 베스트셀러가 되었을 뿐만 아니라 그녀가 소설가, 영화 제작자로서 성장하는 데 커다란 발판이 되었다.

'과거를 재미있게 생각하기'는 노라에게 새삼스러운 일이 아니었다. 그녀는 작가였던 부모님으로부터 평생 동안 "메모하라"는 가르침을 받았다. 아무리 나쁜 경험도 노라에겐 오직 위대한 이야기의 소재일 뿐이었다.

그러나 과거를 돌이킬 때면 우리는 잊고 싶은 일부터 기억한다. 고등학교 시절, 친구네 가족과 함께 워터파크에 놀러갔는데 가족 중 하나가 "네 수영복 비치는 거나 알고 있어라."고 지적한 일. 대학 시절, 영국식 발음을 하면서 가명으로 데이트한 일. 혹은 SAT 점수를 1,000점 더 높게 말하거나, 바보 같은 셔츠를 입고 바보 같은 수업에서 바보 같은 소릴 해대던 일을.

그런 기억은 우리에게 교훈이나 경험이 아닌 고통을 남긴다. 그러나 안 좋은 경험, 불편한 기억이라고 해서 잊으면 안 된다. 그것들도 우리의 다채로운 삶의 역사 중 일부분임을 기억해야 한다. 상황이 나쁠 수는 있지만 견뎌내면 우리는 더 강해지고 똑똑해진다고, 최소한 흥밋거리는 더해지는 거라고 생각해야 한다.

2006년 자신이 진행하는 코미디 프로그램에서 조앤은 남편이 자살했다고 고백했다. 남편의 시신을 발견하고 경찰이 건 전화를, 하필이면 열다섯 살인 딸 멜리사가 받아버리는 바람에 조앤은 더욱 큰 충격을 받게 됐다. 일주일의 애도기간 동안 조앤은 딸과 소통할 방법을 찾을 수 없었다. 그녀는 끔찍한 경험 때문에 모녀관계가 틀어질 것 같아서 두려웠다고 울면서 말했다. 어느 날, 조앤은 딸과 다시 이야기하고 싶어서 비벌리 힐스에 있는 유명한 식당에 함께 저녁을 먹으러 갔다. 그녀는 메뉴판을 가리키며 말했다.

"멜리사, 만약 아빠가 살아서 이 가격을 본다면 또다시 자살하셨을 거야."

그러자 딸은 웃음을 터뜨렸다. 조앤의 농담이 그녀의 딸을 다시 예전으로 돌아오게 했던 것이다. 정말로 나쁜 기억들, 농담으로 바꿀 수 없는 기억들, 독약처럼 품고 다니는 기억들. 그런 기억들이야말로 우리와 다른 사람들의 관계를 진정으로 끈끈하게 만든다. 공유할 용기가 있다면 그게 우리를 인간적으로 만든다. 그레이스 페일리의 말에 따르면, "때로는 가장 개인적인 것이, 자신을 다른 사람들과 가장 강하게 연결시켜준다는 걸 알게 된다."

우리는 우리가 직면한 모든 것을 이겨 냈다. 좋은 쪽이든 나쁜 쪽이든 계속해서 뚫고 지나왔다. 그러나 그런 순간이 닥칠 때마다 우리는 여전히 자신의 능력을 의심한다. 노라 에프론의 유명한 대사 "모든 것은 글쓰기 소재다."라는 말에 작가인 내가 완전히 빠져버렸다. 모든 것이 글쓰기 소재고 게다가 나쁜 일일수록 최고의 이야깃거리가 된다니. 아파트가 물에 잠겼을 때, 직장에서 프레젠테이션을 완전히 망쳤을 때, 바나나 껍질을 밟고 미끄러졌을 때, 나는 세상의 종말처럼 느껴졌던 그때 그 순간들이 사실은 얼마나 재미있는 일이었는지를 지금에 와서야 깨닫곤 한다.

'모든 것은 글쓰기 소재'라는 말은 과거의 실수며 창피한 순간들을 생각할 때마다 떠올리는 나의 새로운 방패막이다. 내가 통제할 수 없는 순간들에 대해서는 더 이상 걱정하지 않는다. 내뱉은 말이나 지나간 행동들에 대해서도 걱정하지 않는다. 그 대신 나는 사건사고를 통해 발전한다. 때로는 일이 잘못되길 남몰래 바라고 있다.

스트레스를 도전으로 여겨라

> 나는 내 삶의 모든 순간이 무척이나 두려웠다.
> 하지만 그 때문에 내가 하고 싶은 일을 하나라도 못한 적은 없었다.
> _ 조지아 오키프 Georgia O'Keeffe, 화가

불안 극복의 마지막 단계는 스트레스를 바라보는 방법을 바꾸는 것이었다. 스트레스는 모든 문제의 시발점이었다. 제이 부모님을

처음 만나러 갔을 때, 병가를 내기 위해 전화를 걸었을 때, 심지어
는 동료들과 함께 식사를 하는 자리에서조차 스트레스를 받았다.
스트레스는 어느새 내 삶의 일부가 되어 있었다.

라스베이거스에서 개최될 회의에 참석하는 건 내 경력 상 중요
한 일이었다. 산드라라는 직원과 거기서 만나게 될 터였다. 그녀는
샌디에이고에서 원격 근무를 하고 있어서 우리는 서로 만난 적이
없었다.

"어떤 사람인가요?"

나는 상사에게 물었다.

"대단한 여자지."

상사가 흡족한 표정으로 대답했다.

"나이가 어떻게 되는데요?"

앞으로 닷새 동안 네바다의 메마른 사막을 누구랑 다닐지 상상
해 보려고 나는 질문했다.

"일흔 다섯."

상사가 아무렇지도 않게 말했다.

일주일이 지났다. 나는 배려하는 차원에서 산드라와 만나기로
한 식당에 미리 도착해 있었다. 그 나이에 라스베이거스를 돌아다
니는 사람이 얼마나 있겠어? 나는 그녀가 들어오는 것도 모르고
입구만 응시하고 있었다. 연세 드신 여성을 찾는 데에만 골몰하느

라 커다란 푸른 눈을 가진 아담한 금발 여성을 알아차리지 못한 것이다. 그때였다.

"당신이 로렌이겠군요."

그녀가 손을 내밀며 다정하게 속삭였다.

우리는 자리에 앉아 마르가리타 두 잔을 주문했다. 시원한 알코올이 목 안으로 넘어가자 기분 좋은 열기가 몸 안에 가득 퍼졌다. 그녀가 다시 자기소개를 시작할 때 나는 하고 싶었던 말을 입 밖으로 꺼냈다.

"전혀 75세로는 안 보이세요."

"75세 맞아요, 로렌."

그녀가 온화한 미소를 띠고 말했다.

"정말 멋져 보이세요. 손자가 일곱이나 된다는 걸 믿을 수 없을 정도로요."

그런 말을 백만 번은 들어본 것처럼 그녀는 당황하지 않았다.

"75세가 되고 싶다면 75세밖에 될 수 없죠."

"도대체 비결이 뭐예요?" 하고 나는 물었다.

그러자 산드라가 몸을 당겨 내 쪽으로 가까이 다가왔다. 그녀는 나를 지긋이 바라보면서 다시 마르가리타 잔에 입을 가져다 댔다.

"스트레스 없이 사는 거죠."

"스트레스가 없다는 게 정확히 무슨 말이죠?"

"나는 절대 스트레스를 받지 않아요. 서른다섯 살 때부터 그랬어요. 일이 주어지면, 해야만 하는 일로 여기지 않고 곧바로 해치울 일이라고 생각해버리죠."

누구나 말한다. 걱정이 주름살을 만든다고. 스트레스는 나이를 들게 만든다고. 나는 언제나 그런 말이 여성을 불쾌하게 만드는 방법 중 하나라고 생각했다.

하지만 놀랍게도 그 이야기는 과학적으로 증명된 것이었다. 분자생물학 연구자 엘리자베스 블랙번은 노화에 미치는 텔로미어의 영향력을 연구함으로써 과학계에 새로운 장을 열었을 뿐만 아니라 노화 과정을 이해하는 길을 열었다. 텔로미어란 세포에서 시계의 역할을 담당하는 DNA의 말단영역으로, 세포가 한 번 분열할 때마다 그 길이가 짧아지며 그에 따라 세포는 점차 노화해 죽게 된다. 늙을수록 나이가 들어 보이고 병에 걸리기 쉬워지는 까닭은 바로 그 때문이다.

블랙번은 심리학자 엘리사 에펠과 함께 스트레스가 심신 건강에 어떠한 영향을 미치는지 알아보고자 했다. 만성질환을 앓는 아이들의 어머니들을 연구한 결과는 흥미로웠다. 블랙번과 에펠은 어려운 양육을 오래 해야 하는 어머니들의 텔로미어 길이가 평균보다 더 짧다는 것을 발견했다. 특히 자신의 상황을 스트레스가 많은 상황이라고 인식할수록 이 말단영역은 더 짧아졌다. 그러나 몇몇 어머니들은 똑같이 스트레스를 받는 상황에서도 텔로미어의 길이가 짧아지지 않았다. 에펠은 근본적인 원인을 파고들었고 간단한 결론을 얻었다. 이 여성들은 상황을 스트레스가 아닌 도전으로 인식했다.

만약 당신이 습관적으로 부정적인 생각을 하는 사람이라면, 일반적인 스트레스 상황에서도 심각한 스트레스 상황인 것처럼 반응할 것이다. 예를 들어 당신의 상사가 당신을 불러내면 해고를 당할 것이라고 생각해버리는 것이다. 혈관은 수축되고 스트레스 호르몬인 코르티솔 수치는 서서히 올라가서 상승세를 유지한다. 상사가 그냥 부른 것임을 알고 나서도 말이다. 시간이 지나면서 높아진 코르티솔 수치는 텔로미어를 짧게 만든다. 그러나 만약 스트레스를 도전으로 인식한다면, 이는 당신의 텔로미어에 영향을 주지 않는다. 스트레스를 위협이 아닌 도전으로 인식함으로써, 당신은 텔로미어를 더 길게 유지하며 건강한 삶을 살 수 있다.

산드라가 일을 "해야만" 하는 것이 아니라, "해치울" 대상이라고 말하며 설명하고 싶었던 부분이 바로 이거였다.

글쓰기를 막 시작했을 무렵, 나는 일요일 아침마다 공포를 느끼며 잠에서 깨어나곤 했다. 더 이상 쓰고 싶지 않은 원고를 쓰며 하루를 보낼 생각에 막막함이 밀려왔다. 전날 쓴 글이 얼마나 형편없는지 확인하는 게 두려워서 원고를 열 때마다 전투를 치르는 것 같았다. 좋아, 마지막으로 〈진짜 주부들〉 한 편만 더 보고 써야지. 산책하고 나면 글이 잘 써질 거야. 낮잠을 자고 나면 머리가 맑아져서 영감이 떠오르겠지? 나는 이런 식으로 계속 일을 미루었다. 제이가 방에 들어와서 어떻게 되어가고 있는지 물어볼 때까지 마음속 두려움과 불안은 커져만 갔다.

"나 아직 시작도 안 했어."

그에게 말했다.

"왜 안 했어?"

"무서워서."

하지만 결국 내가 끝내야 할 일이었다. 나는 상황을 피하는 대신 아침마다 스스로에게 "난 글을 쓰는 것이 재미있어. 글쓰기가 신나!"라는 말을 해주기로 했다. 일하는 동안에는 다른 작가들의 조언을 생각하며 힘을 내곤 했다. 나는 그것을 직시해야 할 도전으로 보기 시작했다. 단어들을 찾아내고 이야기들을 발견해냈다. 그러자 천천히 글쓰기에 대한 사랑이 되살아났다. 눈앞의 백지도 더 이상 무거운 의무로 느껴지지 않았다. 나에게 그것은 모험이자 도전이었다.

기분 둘

· ·

나는 나대로
아름답다

누구든 매혹할 정도로 아름답게 태어날 필요는 없다.

_ 다이애나 브릴랜드 Diana Vreeland

　　　　　토요일 아침, 나는 여드름을 노려보았다. 며칠
전 코르티손 주사를 맞느라 피부과에 거금을 썼지만 여드름은 점
점 크고 붉어져 숨길 수 없을 정도가 되었다. 피부과 의사에게 전
화를 걸어서 무료로 한 번 더 주사를 놔 달라고 할까 싶었지만 그
건 내가 집 밖으로 다시 나가야 한다는 뜻이었다. 그래서 그냥 어
둠 속에 남아 있기로 했다.

　그렇지 않아도 금요일 내내 여드름을 신경 쓰느라 몹시 피곤한
상태였다. 회사에 전화해서 병가를 내려 했지만 결국 출근해서 9
시간 동안 일을 하면서 보내야 했다. 일하는 내내 여드름 위에 바
른 컨실러를 지우고 싶다고 생각했다. 얼른 집에 가서 헐렁한 티셔
츠를 입고 맨얼굴을 마음껏 드러낼 수 있다면 좋을 텐데. 나는 하
루 종일 동료들을 피해 다녔고 30분마다 화장실로 가서 얼굴 상태

를 확인해야 했다.

그런데 제이가 외출 준비를 하고 있었다. 퀸즈에 사는 친구 제레미의 루프탑 파티에 가자고 했다. 뭐? 간신히 피난처를 찾아왔는데, 다른 사람들의 따가운 시선을 찾아 나서자고? 어젯밤 퇴근하고 돌아온 맨해튼 거리를 또? 지하철을 탄 채 네 시간을 허비할 생각에 가슴이 조여 왔다. 그렇게는 할 수 없었다.

'다시 나갈 수는 없어.'

지치고 역겨운 기분이 들었다. 그냥 침대 위에 드러누워서 나 자신을 잊고 싶었다. 슬펐다. 화도 났다. 내가 지젤 번천처럼 보이지 않는다는 사실에 짜증이 났다. 걱정 때문에 황금 같은 토요일을 날려버리고 있다는 것에 화가 났다. 심지어 내게 주사를 놔준 의사한테까지 분노가 치밀었다. 망할 놈의 피부과 의사 같으니라고!

나는 바람 빠진 풍선처럼 무의식과 무감각에 가까운 짧은 인사불성 상태가 계속되는 그런 상태로 지냈다. 파티 시작 시간이 가까워졌지만 나는 제이에게 여드름 때문에 못 간다고 말해야 할지 아니면 기분 때문이라고 말해야 할지 결정을 내리지 못하고 있었다. 둘 다 명백히 사실이었지만 어느 쪽이 덜 한심해 보였겠는가?

"제이, 미안해. 나 지금 그럴 기분이 아니야."

"왜? 설마 여드름 때문에 그런 거야?"

"아니. 하지만 여드름이 눈에 띄지 않는다는 게 거짓말임을 알게 돼서 정말 다행이네."

나는 여드름이라는 말에 충격을 받아 당황해서 대답했다.

"별로 눈에 띄지 않아! 너는 꼭 그 엿 같은 게 얼굴에 생기면 항상 그러더라?"(그는 영국인이다.)

"항상 그런다고?"

나는 따져 물었다.

"딱하세요, 아주!"

"내가 처음에 물어봤을 때 솔직하게 말해줬다면 이렇게까지 비참하지는 않았겠지!"

나의 이런 주장이 말이 안 된다는 것은 나도 알고 있었다. 하지만 기분이 잡쳐서 나는 이성적으로 생각할 수가 없었다.

"너도 알잖아. 이러면 정말 밥맛 떨어진다는 거."

제이는 속이 뒤틀리는 말을 쏘아 붙이고는 혼자 제레미네 집에 갔다. 그는 내 허영심을 꼬집고 싶었고, 나는 허영심이 아니라고 말하고 싶었다. 거울을 보고, 머리 모양을 고치고, 여드름 탓에 스트레스를 받는 건 나 자신을 사랑해서라고 믿었다. 그러나 그는 반대로 생각했다. 여드름 탓에 받는 스트레스는 자기혐오의 표현이라는 것이다. 거울에 비치는 내 모습이 마음에 안 든다고, 가끔은 그냥 기분이 안 좋을 때가 있다고, 어떻게 그에게 설명해야 하나?

설명하기 어려울 것이다. 설명했다 하더라도, 스스로 이겨 내라고 하겠지. 외모에 신경을 쓰는 것은 그저 강박관념일 뿐이라고 말하겠지. 제이는 내가 여드름에 이렇게까지 신경을 쓰는 모습이 한심하다고 말하곤 했다. 어쩌면 그가 옳을지도 모른다. 이 기분을 해결하기 위해서는 사소한 데에 신경 쓰지 않아야 했다. 또 고통스럽다고 주저앉지 않도록 애써야 했다.

외모가 당신을 불안하게 만드는 이유

못생겼다고 느끼는 것만큼 괴로운 게 또 있을까? 적나라한 사진 한 장으로 세상은 순식간에 잔인한 곳으로 변한다. 어쩌면 당신은 길바닥에 홀로 남겨진 아이처럼 엉엉 울며 누군가에게 속상함을 털어놓고 싶을지도 모른다. 하지만 사실대로 말할 수는 없다. 사람들은 당신을 도로 길바닥에 내려놓고 얼굴에 흙을 뿌릴 테니까. 고작 사진 한 장 때문에 그런다고? 제발 징징거리지 좀 마!

사진을 보고 울적해진 당신에게 누군가 이유를 묻는다면 당신은 틀림없이 이런 식으로 대답할 것이다.

"미안, 갑자기 기분이 이상해져서."

"아무것도 아냐. 그냥 기분이 별로야."

"나 안 아파. 잠을 충분히 못 자서 그래."

하지만 결국엔 큰 소리로 인정하며 울고 싶어지겠지.

"내가 너무 못생겨서 그래. 정말 죽고 싶다고!"

맞지 않는 청바지, 새로 입사한 아름다운 동료, 푸석푸석해진 머릿결, 육체적인 고통과는 달리 이런 것들은 인정하기 부끄러운 아픔이다. 당신은 그런 아픔을 적절히 처리할 줄 모르기에 가장 가까운 사람에게 울고 불며 아픔을 드러낸다. 그런 다음에야 당신은 두터운 반창고로 상처를 덮고 옹졸했던 자신을 비웃으면서 사람들에게 사과한다. 일상으로 돌아가고자 하지만 구름은 여전히 거기 있다. 심지어 조금 더 어두워진 채로 말이다.

이런 어둠을 경험해보지 않은 여자는 없다. 2016년 위생용품 브랜드 도브는 여성의 불안과 외모 사이에 어떤 연관성이 있는지 알아보는 연구를 실시했다.

13개국에서 10,500명이 넘는 여성들을 대상으로 한 〈아름다움과 자신감에 대한 국제 보고서〉는 지금까지 있었던 여성의 자긍심에 관한 연구 중 가장 광범위한 종합 연구다. 결과는 큰 반향을 일으켰다. 일본에서는 여성의 92%가 자신의 몸을 싫어하는 것으로 조사되었고, 영국에서는 80%로 그 뒤를 이었다. 또한, 10,500명의 여성들 중 85%는 외모에 대해 만족하지 못할 때, 단체 활동에 열중하거나 사랑하는 사람들과 시간을 보내는 등의 주요 활동을 포기한다고 답했다.

그 심정이 너무나 잘 이해됐다. 내 인생의 많은 부분은 얼마나 자신감을 느끼는지에 달려 있었고, 그 자신감은 외모에서 비롯되었다. 아침 6시에 거울을 처음 들여다볼 때, 피부가 촉촉하고 머릿결은 윤기가 나며 몸매가 그런대로 괜찮다고 인정하는 날은 드물었다. 자신감에 넘쳐서 아파트를 걸어 나오던 날에는 모델 에밀리 라타이코프스키와 같은 지하철을 타곤 했다. 만약 지하철에서 에밀리와 같은 미모의 여성과 마주치지 않았다면 칵테일파티, 요가 수업, 주스 제너레이션, 혹은 HBO(미국의 프리미엄 영화채널로 영화,

다큐멘터리, 콘서트 스페셜 등의 프로그램에 대해 탄탄한 시청자 층을 확보: 옮긴이 주)에서 또 다른 여자를 발견해서 나랑 비교했을 것이다.

열등감 없이는 하루를 못 넘기는구나 싶었다. 아무리 기분이 좋은 때에도 나보다 예쁜 누군가가 있다는 생각에 항상 시달렸다. 우리의 기분이란 절반이 그런 식 아니던가? 기분이 좋을 때에도 부족함이 느껴지면 절망의 구렁텅이에 빠진다. 속수무책으로 곤두박질친다. 뮤지션 플로렌스 웰츠는 그런 현상에 대해 이렇게 설명했다.

"저는 방안에 홀로 앉아 불행거리를 찾을 때까지 핸드폰 화면을 계속 넘겨요. 이럴 땐 파파라치들이 찍은 사진이 제격이죠."

미국 보건복지부는 남성보다 여성이 우울증을 더 많이 겪는 이유 중 하나로, 몸에 대한 불만을 들고 있다. 충격적이지만 놀랍진 않다. 자본주의는 스스로를 못마땅하게 여기는 여성들 사이에서 번성한다. 잡지, 광고, TV 쇼, 웹 사이트에서 모델들과 완벽하게 멋진 여배우들을 보지 못했다면, 우리는 아름다움이 그렇게까지 중요하다고 생각하진 않았으리라.

미디어가 키, 몸무게, 피부색, 피부타입, 머릿결 같은 신체적 다양성을 인정하는 일이 드물다는 걸 우리는 안다. 미디어는 우리에게 아름다움에 대한 똑같은 기준을 심어주고, 서로 경쟁하게 함으로써 수치심을 불러일으킨다. 안타깝게도 그런 진실을 아는 것만으로는 여성을 해방시킬 수 없다.

그렇다면 무엇이 여성을 외모로부터 해방시킬 수 있을까? 아름다움은 매우 추상적이어서 답을 얻는 건 불가능에 가깝다. 하지만 바이런 스와미 교수와 로마 사피엔자 대학 학자들의 연구는 나에게 희망을 가져다주었다. 그들은 2015년 이탈리아 여성 484명을 대상으로 스스로를 어떻게 느끼는지에 대해 조사했다. 69%는 가슴 크기가 불만족스럽다고 응답했는데, 이는 완벽주의적인 자기표현 성향이 반영된 결과였다. 흥미롭게도, 조사 대상 가운데 아이가 있는 여성은 결과가 좀 달랐다.

출산을 한 사람들은 자신의 가슴에 대한 자부심이 높았고 완벽주의적인 자기표현에 시달릴 확률이 낮았다. 임신한 후 가슴이 커져서 그런 것이 아니었다. 스와미는 "엄마가 되는 것, 특히 모유 수유 경험이 유방의 기능 자체에 초점을 맞추게 했다"는 점을 가장 큰 이유로 꼽았다.

기사를 읽고 생각했다. 만약 여성들이 가슴의 존재 이유를 깨닫고 가슴에 대해 불평하기를 멈춘다면, 나 역시 나의 존재 이유를 깨닫는 순간 나 자신에 대한 불만을 멈출 수 있지 않을까?

몇 주 후에 어떤 친구가 《뉴요커》에 실린 또 다른 기사를 보내왔다. 말기 암 환자들에게 LSD라는 강력한 환각제를 투여하여 죽음에 대한 두려움을 억제한다는 실험 내용이었다. 한 연구자는 환자들이 환각제의 영향으로 "몸에 대한 일차적인 정체성을 넘어 자아가 없는 상태를 경험하고 새로운 관점과 깊은 깨달음을 갖는 상태가 되었다."고 말했다. 개인의 정체성이 사라지는 순간 신체적 장

애도 함께 사라졌다는 것이다.

이 기사는 내가 지금까지 해왔던 조사와 맞물려서, 닫혀 있던 마음의 문을 열게 했다. 맘에 들지 않는 사진, 원치 않는 여드름을 보며 몇 년간 가벼운 우울증에 시달려온 나에게 "그래, 바로 이거였구나!" 하는 깨달음을 주는 순간이었다. 나는 정체성의 노예였다. 나를 자기혐오 상태에 머물게 한 것은 바로 자존심이었다. 이런 기분을 이겨내기 위해서는 외모뿐만이 아닌 '자아'에 대한 애착을 끊어야만 했다.

할머니가 주신 깨달음

> 스물여섯 살이 되고 나서 쭉 비키니를 입지 않았던 것을
> 얼마나 후회하는지 모른다. 이걸 읽고 있는 젊은 여성이 있다면,
> 지금 당장 가서 비키니를 입고 서른넷이 될 때까지 벗지 마라.
>
> _ 노라 에프론 Nora Ephron, 영화감독

이 무렵, 스물다섯이었던 나는 앞으로 외모를 절대 바꿀 수 없을 것 같다는 결론에 이르렀다. 물론, 계속해서 200달러짜리 하이라이트를 받고 새로운 화장품도 사서 바르겠지만 이런 것들로는 한계가 있었다. 일단 그 사실을 인정하고 나자 실천의 단계로 넘어갈수 있었다. 첫 번째 돌파구는 할머니에게 있었다. 주말을 틈타 나는 플로리다에 있는 할머니 댁을 방문했다. 일 년에 한 번은 착한

손녀가 되고 싶었으니까. 매년 그랬듯이 할머니는 온몸에다 애정 공세를 퍼부었다. 문을 열고 들어가는 순간부터 할머니는 내가 얼마나 아름답고 빛나는 존재인지 말해 주었다.

할머니는 동네 친구들에게 나를 데려갔다. 집집마다 문을 두드리며 인사를 하니 할머니들은 내 피부, 머리카락, 키를 화제로 삼으며 관심을 쏟아냈다. 예전에 할머니가 수영장이며 식당에 있는 친구들에게 나를 "아름다운 손녀"라고 소개하면, 나는 손을 내저으며 아니라고 부정했다. 보행기를 끌고 다니며 얼굴에 검버섯이 피어난 사람들에게서 나온 칭찬이었으니까. 그들의 눈엔 내가 아름다워 보였을 테고, 젊은이라면 누구나 그래 보였을 것이다. 그때 정신이 번쩍 들었다. 할머니들이 날더러 아름답다고 생각하는 것이 뭐가 문제지? 왜 칭찬을 못 믿는 거지? 그들이 내게 진짜 말하려던 게 뭘까? 턱에 점이 있다든지 체중이 얼마나 늘었다든지 이런 것들은 중요한 게 아니었다. 왜냐하면 나는 그들이 갖지 못한 젊음을 가졌으니까.

나는 칭찬을 부정하느라 많은 시간을 허비해 왔다. 할머니들은 내게 아름답다고 말했을 뿐만 아니라 그 아름다움을 즐기라고 했기 때문이다. 체중이 늘었든 안 늘었든, 얼굴에 여드름이 났든 안 났든, 머리카락이 진흙 색깔이든 그렇지 않든, 나는 아직 젊었으므로 아름다움을 즐겨야만 했다. 할머니들의 충고는 영화배우 베티 데이비스가 75세 때 했던 인터뷰를 떠올리게 했다. 자니 카슨의 토크쇼에서 했던 바로 그 인터뷰 말이다.

자니 카슨과 베티 데이비스의 대화

자니 카슨: 데이비스 씨는 자신의 모습을 보고 혹독하게 비판하는 편인가요?

베티 데이비스: 저는 저 자신을 혐오해요. 마음에 들게 나온 작품이 하나도 없었죠.

자니 카슨: 그래도 몇몇 작품을 찍을 때는 틀림없이 행복했겠죠.

베티 데이비스: 아뇨, 은퇴한 뒤에야 작품 몇 편을 겨우 볼 수 있을 정도였어요. 당시에는 제 얼굴을 참을 수가 없었죠. 며칠 동안 계속 우울한 모습만 보여주다 보니 감독들은 모니터링 시간에 저를 빼 주었어요.

자니 카슨: 도대체 얼굴 어디가 그렇게 마음에 안 들었다는 거죠?

베티 데이비스: 끔찍하다고 생각했어요! 견딜 수가 없었죠. 하지만 이렇게 나이를 먹고 다시 작품을 보니 의심할 여지가 없더군요. 저는 세상에서 가장 아름다운 여자였어요.

가지고 있는 것에 대해 감사하는 것은 새로운 개념이 아니다. 불교와 모든 명상 앱의 핵심은 현재에 머무르는 방법을 배우는 것이다. 지금 있는 공간과 어떻게 조화를 찾을 수 있을까에 관한 것이다. 설거지를 할 때는 설거지에만 마음을 집중해야 한다고 했던 틱낫한의 말처럼 말이다.

우리는 설거지를 하고 있지 않을 때만 설거지 하는 것을 싫어한다. 우리 삶의 불편함은 대부분 우리가 그 안에 있을 때 그 순간을 인식하지 못하는 데서 비롯된다. 만약 싱크대에 서 있는 순간, 우리의 마음이 방황 없이 현재에 머무를 수 있다면 설거지는 즐거운 일이 될 것이다. 설거지를 하면서 따뜻한 비눗물에 손을 담그거나, 수돗물에서 흘러나오는 깨끗한 물로 우리가 만족스레 식사한 것을 깨끗이 치우는 행위는 대체로 즐거운 경험이기 때문이다. 빠져들면 기분이 좋아진다. 이는 명상의 원리와도 관련이 있다.

하지만 우리는 너무 바빠서 그런 식으로 마음을 다스리지 못한다. 식기세척기를 원하고, 집안일 도우미를 찾으며, 내일이 되기를 바란다. 하지만 시간이 지나 더 이상 설거지를 할 수 없거나, 두 명분의 설거지를 하다가 한 명분의 설거지를 하게 되면 우리는 다시 예전의 순간들로 돌아가고 싶어질 것이다. 따뜻한 물에 손을 담근 채 아무런 잡념 없이 설거지를 하던 그 즐거운 순간들로.

우리는 아이들처럼 가질 수 없는 것들만 원하는지도 모른다. 나이가 들면 젊음을 갈망하듯 무엇인가 잃고 난 후에야 우리의 모습을 원한다. "당신이 가지고 있는 것을 감사하게 생각하라."는 말을 얼마나 많이 들어야 이 충고에 귀를 기울이게 될까? 얼마나 많은 여성들이 무관심한 청중들에게 이 메시지를 전하려 했던가? 얼마나 자주 우리는 핵심을 놓쳐 왔는가?

2년, 4년, 5년 전에 찍은 자신의 사진을 찾아 당장 꺼내보라. 그리고 거기 있는 자신을 향해 존경하지 않는다고 말해 보라. 당신이 얼마나 아름답고 어렸는지 모르겠다고 말해 보라. 그 시절을 낭비한 것에 대해 괴로움을 느끼지 않는다고 말해 보라.

젊음을 미화하거나 스물세 살 적 몸매로 되돌아가길 원하란 뜻이 아니다. 이것은 길게 보는 연습이다. 현재 당연하게 여기는 모든 것들에 대해 다시 집중하는 연습이다. 당신이 가진 건강, 자유, 기회에 대해서. 우리의 기분은 대개 그 순간을 받아들이는 능력에 의해 좌우된다. 할머니를 통해 얻은 깨달음은 나를 현재로 이끌었고 나의 미래를 엿보게 했다. 인생에서 가장 좋은 시간 혹은 가장 젊은 시절을 하찮은 것에 애태우며 낭비했다는 것을 깨달았다. 훗날 돌이켜 보면 여드름이나 곱슬머리, 몸무게 따위는 기억도 나지 않을 것이다. 다만 내가 젊었으며 그 젊음에 감사하지 않았음을 안타깝게 여기겠지.

당신이 어떤 모습인지는 아무도 모른다

> 사람들은 자신의 생김새에 너무 익숙해서,
> 낯선 사람에게 자신이 얼마나 아름다워 보이는지를 잊어버린다.
>
> _ 저자 미상

지금 이 모습이 내 인생 최고의 모습이라는 것을 알게 된 순간, 나는 내가 실제로 어떻게 생겼는지 전혀 모르고 있었다는 것을 깨달았다. 그동안 주목했던 건 온통 자그마한 결점들에 불과했으니까. 나는 내 얼굴을 전체적으로 보지 못하고 결점들의 집합으로만 보아왔다. 족집게로 뽑아버리고 싶은 지저분한 눈썹이라든지 너무 얇은 입술 같은 것 말이다. 가만, 그러고 보니 내 얼굴이 정말 어떻게 생겼더라? 난 어떤 대답을 해야 할지 몰랐다. 하지만 내 얼굴에 문제가 있다는 것만큼은 자신 있게 말할 수 있었다!

모든 여성은 자신의 문제를 알고 있다. 기자 데이비드 하트먼과의 인터뷰에서, 오드리 헵번은 자신에 대해 정확히 무엇을 바꿀 것인지 재빠르고 명료하게 대답했다.

데이비드 하트먼과 오드리 헵번의 대화

데이비드 하트먼: 헵번 씨는 화면 속 자신의 모습을 편안하게 지켜보는 편인가요?

오드리 헵번: 상당히 불편하죠. 항상 그랬습니다. 뭔가 고쳐야 할 부분이 나올지도 모른다고 생각했기 때문에 늘 모니터링을 했어요. 하지만 전 저 자신에 대해 너무 까다로웠고, 제 모습을 보는 것을 싫어했죠. 그래서 저한테는 항상 기적이 일어나곤 했어요. 제가 성공했다면, 그건 대중들이 제가 보지 못했던 부분을 발견했다는 뜻이니까요.

데이비드 하트먼: 만약 헵번 씨에게 자신의 일부를 바꿀 수 있는 능력이 주어진다면 어디부터 바꾸시겠어요?

오드리 헵번: 발이 좀 더 작았으면 좋았을 것 같아요. 제 친구들은 발이 아담해서 예쁜 신발을 신거든요. 발이 커서 싫어요.

우리는 얼굴에 대한 집착, 동경, 결함에 너무나 익숙해진 나머지 더 이상 실제 외모를 정확하고 편견 없이 바라보지 못한다. 다른 사람들은 우리에게서 전혀 다른 면모를 발견하지만, 우리는 자신의 생각만을 진실로 받아들인다. 발레리를 만나기 전까지는 나도 깨닫지 못했던 사실이다.

발레리는 뉴욕에서 함께 일한 직장 동료로 같은 대학 출신이었다. 그녀를 처음 본 건 대학 시절 프랫 파티에서였다. 나는 맥주잔을 기울이고 있는 남자들 중 남자친구 삼을 만한 사람이 있을까 하는 야무진 생각을 하면서 퀴퀴한 냄새가 풍기는 베이지 트위드 의자에 앉아 산뜻한 맥주를 홀짝이고 있었다.

그때 맥주 통 주변에 있던 남자애들이 발레리를 공중으로 들어 올려 거실로 데리고 왔다. 배꼽 아래 착 달라붙은 상큼한 오렌지색 운동복은 한여름의 구릿빛 배를 노출시켰고, 배꼽에 달린 링은 거실 천장 조명을 받아 반짝였다. 긴 갈색 머리에서는 윤기가 흘렀다.

남자애들이 발레리를 내려놓았을 때 나는 그 애의 아담하고 귀여운 코와 높은 광대뼈, 아치 모양의 눈썹을 보았다. 도망가고 싶었다. 그렇게 완벽한 여자애가 있는 방에서 뛰쳐나가고 싶었다. 자리를 뜨고 나서도 한참 동안 생각에서 빠져 나오지 못했다.

'그 애는 무척 행복할 거야. 틀림없이 아주 행복하겠지.'

5년 후 내가 새 직장에 출근했을 때도 같은 생각이 들었다.

'발레리는 최고의 삶을 살고 있을 거야. 틀림없이 최고의 파티에 가겠지. 엠파이어스테이트 빌딩 불빛이 보이는 맨해튼 미드 타운의 최고급 고층 아파트나, 브루클린 다리의 눈부신 야경이 보이는 집에서 최고의 룸메이트들과 함께 살고 있겠지. 최고의 남자들과 최고의 데이트를 하겠지.'

발레리는 예전처럼 매력적인 운동복을 입고 있지는 않았지만 검은색 바지와 주름 하나 없이 빳빳한 흰색 블라우스가 잘 어울렸다. 블라우스는 완벽한 캔버스 같았고, 그 위로 어깨까지 내려오는 비단결 같은 갈색 머리가 자연스럽게 어우러졌다. 세련된 프랑스 멋쟁이 같았다. 하루는 그녀가 퇴근 후 자기와 함께 술을 마시자고 했다. 나는 설레며 수락했다. 이렇게 아름다운 여성은 얼마나 아름다운 삶을 살고 있을까? 어떤 질투도 느껴지지 않았다. 호기심뿐이었다.

하지만 그 호기심은 발레리의 집에 들어서자마자 산산이 조각나기 시작했다. 5분이면 끝난다던 준비 시간이 50분을 훌쩍 넘어가고 있었다. 그녀가 화장실과 자기 방을 왔다 갔다 하는 동안, 나는 핸드폰을 잡고 앉아 그녀가 이 옷 저 옷 갈아입는 것을 지켜봤다. 해피 아워는 벌써 끝나 가고 있었다.

"발레리!"

나는 침실 쪽을 향해 소리쳤다.

"미안, 미안! 뭘 입어야 할지 모르겠어. 옷이 다 마음에 안 들어. 난 너무 뚱뚱해."

"뭐라고? 너 미쳤구나. 아까 그 옷도 갈아입을 필요가 없었어.

멋져 보였다고."

순간 싸한 냉기가 감돌았다.

"너 제정신이니? 오늘 내 모습은 꼴불견이었어. 5분만 더 기다려줘. 약속할게!"

우리는 결국 10분이 지나서야 떠날 수 있었다. 발레리는 검은색 바지 대신 가죽으로 만든 검은색 스커트를 입었다. 상의는 사무실에서 입었던 것과 같은 빳빳한 흰색 블라우스였다.

우리는 도착하자마자 빈 좌석 두 개를 발견하고 잽싸게 차지했다. 옆 테이블에는 남자 넷이 있었다. 발레리가 나와 함께 있다니! 이보다 더한 행운이 있을까? 우리는 둘 다 솔로였고 맘에 드는 남자들한테 미끼를 던져볼 수 있었다. 잘생긴 남자들이 그녀를 슬쩍 훔쳐볼 수 있도록 자리를 잡고 기다렸다.

"안녕."

누군가 뒤에서 말을 걸어 왔다. 돌아보니 스물 몇 살쯤 되어 보이는 남자 하나가 땀에 젖은 채 서 있었다. 그는 선탠을 한 듯 피부가 까무잡잡했고 검은 민소매 셔츠 사이로 곱슬곱슬한 가슴털이 살짝 드러나 있었다. 뒤로 돌려서 쓴 뉴욕 메츠 모자 밑으로 윤기 없는 머리카락이 새까맣게 덮여 있었다.

"안녕." 하고 나와 발레리는 동시에 인사했다.

"내가 맞춰볼게. PR 쪽 일을 하지?"

그는 세상에서 가장 재치 있는 말을 하고 있다는 듯이 미소를 지으며 내 쪽으로 가까이 몸을 숙였다.

"으음, 아니. 난 작가고, 얘는 편집장이야."

나는 내 기분이 상했다는 걸 알아채길 바라며 대답했다.

"하지만 그것도 PR일 수 있어."

발레리가 그를 향해 미소 지으며 내 옆에서 대답했다.

'엥, 뭐라고?'

나는 몸을 돌리며 혼자 중얼거렸다. 그러면서 발레리가 그 남자에게 농담하는 건지 슬며시 살펴보았다.

"그럴 줄 알았어."

그는 내 곁으로 다가왔다. 나초와 보드카 냄새가 물씬 풍겼다.

'아하. 이 녀석한테 공짜 술 좀 얻어먹을 모양이구나. 좋아, 5분만 더 받아주자.'

하지만 5분이 지나도록 공짜 술은 없었다. 대신에 나는 발레리가 그 남자에게 전화번호를 주는 걸 목격했다. 그녀는 그 남자가 떠나자마자 데킬라 한 잔을 주문하고 손지갑에서 립스틱을 꺼냈다. 어떻게 된 일인지 물어볼 틈도 없었다. 발레리는 립스틱을 바르며 내가 자신의 가장 친한 친구라도 되는 듯이 말했다.

"나 지난주에 진짜 엄청난 미녀가 걸어가는 걸 봤어. 사흘 내내 너무 우울하더라."

"뭐라고?"

나는 발레리를 빤히 쳐다보며 뭔가 놓치고 있는 것이 아닌지 확인하려고 애썼다. 어떻게 너보다 더 아름다운 사람이 있을 수 있단 말이야?

"입술 수술을 할까 생각 중이야. 그리고 돈 생기면 가슴 성형도 꼭 하려고."

"뭐? 왜?"

나는 큰소리로 물었다.

"그냥, 나는 내가 싫거든."

그녀가 대답했다. 대답이라기보다는 선언에 가까웠다. 마치 쏟아내기를 기다린 것 같았다. 나는 아연실색했다.

'뭐라고? 스스로를 싫어한다고? 자기 같은 외모를 가지기 위해서 내가 무슨 짓이라도 할 수 있다는 걸 안다면, 저 애가 그래도 자신을 미워할까?'

이해하려고 애쓰면서 계속 그녀를 응시했다. 사실 나는 그녀의 가슴이 작다거나 입술이 얇다는 것을 전혀 눈치 채지 못했다. 하나의 전체적인 모습으로 그녀를 보았을 뿐이다. 높은 광대뼈에 부드러운 피부, 녹갈색 눈을 가진 예쁜 발레리!

내가 발레리의 말뜻을 알아챘을 때 그녀는 두 번째 데킬라를 주문했다. 한 시간 후 그녀를 택시에 태울 때 나는 깨달았다. 자기 자신에 대해 가졌던 아름다움에 대한 생각이 모조리 틀렸다는 것을.

'발레리 같은 여자가 자신을 제대로 보지 못한다면, 다른 여자들도 똑같지 않을까? 아니, 어쩌면 발레리가 그냥 미친 건지도 몰라. 사실 우리 모두가 그런지도 모르지. 솔직히 누가 신경이나 쓰겠냐고! 내가 예쁘든 그렇지 않든 누가 상관하겠어!'

나는 갑자기 비명을 지르고 싶은 기분이었다.

자기애를 버려라

나는 나 자신을 위해서 어떤 아첨도 비판도 흘려버렸다.

나는 무척이나 자유롭다.

_ 조지아 오키프 Georgia O'Keeffe, 화가

자신에 대한 분노와 실망이 걷잡을 수 없이 치솟을 때, 불교도들은 그 이유가 자신을 소중히 여기는 마음 때문이라고 한다. 그것이 모든 고통의 뿌리라고 한다. 자신을 애지중지 여기는 것은 얼핏 긍정적으로 들리지만, 사실상 자기 집착에 가깝다. 그러한 마음은 우리가 우주의 중심이라는 생각, 우리의 욕구나 소망이 세상에서 가장 특별하고 중요하다고 믿는 자아도취에서 비롯되기 때문이다. 승려 켈상 가쵸는 그의 저서 《당신의 삶을 변화시키는 방법: 더없는 행복 여행》에서 존귀한 자기 돌봄에 대해 이렇게 설명한다.

"우리는 '내가 중요하다'는 생각을 발전시킨다. 자신이 원하는 바를 성취하는 것을 무엇보다도 중요하게 생각해서다. 매력적으로 보이고 싶어 하고 누군가와 관계 맺기를 갈망하면서, 자신의 매력 없거나 맘에 들지 않는 부분을 혐오한다. 그렇지만 무표정이나 무지에는 무관심하다."

우리는 남에게 어떻게 보이는지, 무엇을 가졌으며 무엇을 갖지 못했는지에 지나치게 집착함으로써 진정한 자아를 잃어버리곤 한다. 이러한 자기 집착은 우리를 행복하게도 하지만 무가치함이나

수치심과 두려움 같은 부정적 감정을 일으키기도 한다. 자동차와 학벌, 인스타그램 등 SNS에 집착하면서 더 많은 빚과 더 많은 팔로워라는 깊은 수렁에 자신을 내던진다.

불교도들은 자기 집착에서 벗어나는 길이 이타심을 연습하는 데 있다고 믿는다. 다른 사람들의 필요에 주목할 때 우리는 자신의 이기적인 욕구에서 벗어날 수 있다. 보내는 것Tong과 받는 것Len을 의미하는 티벳어 통렌Tonglen은 동정심을 반복해서 일깨움으로써 자기애에서 벗어나도록 하는 치유법이다.

본래 명상에 사용된 이 치유법은 교사들이 고통에 직면한 학생들을 훈련하기 위해 사용했던 기술이다. 치유법은 간단하다. 숨을 들이킬 때 다른 사람들의 고통을 함께 들이키고 숨을 내쉴 때 편안함이나 안도감을 함께 내쉬면 된다. 자신이 바라는 바가 충족되지 않았거나 자신에게 미안함을 느낄 때 이 방법을 사용하라. 이때 중요한 점은 자신의 아픔뿐만이 아니라 괴로움을 겪고 있는 다른 사람의 아픔도 같이 호흡해야 한다는 것이다. 통렌은 일종의 기도인 셈이다.

이 통렌, 즉 보내고 받음의 요지는 이기적인 집착의 순간을 바꾸어 연결하는 데 있다. 나의 고통을 누군가에 대한 동정심으로 바꿈으로써 나와 세상을 연결하는 것이다. 아픔과 기쁨에 대해 혼자가 아니라 다른 사람들과 연결함으로써 자신의 문제에 대해 소외감을 덜 느낄 수 있다.

나는 내가 매력적으로 보이지 않을 때마다 나와 같은 생각을 할 다른 여성들을 생각했다. 임신선이나 흉터 자국 따위를 보며 아픔을 느끼는 모든 여자를 말이다. 숨을 깊이 길게 들이마시면 더 많은 사람과 접촉할 수 있기라도 한 것처럼, 최대한 숨을 들이마셨다. 그러다 참을 수 없는 순간이 되면 크게 내쉬었다. 내가 상상했던 여성들이 편안함과 아름다움을 발견하길 바라며, 수용과 연민과 자신감을 담아 힘껏 내쉬었다.

이 방법으로 호흡을 하면 할수록 짜증을 덜 내게 되었다. 고통 속에서도 혼자라는 느낌이 줄어들었다. 나 자신의 고통 때문만이 아니라 다른 사람의 아픔을 위해서도 호흡을 계속했다. 브루클린의 붐비는 레스토랑 한가운데서 웬 아기가 울기 시작했을 때, 고급 레스토랑에 아기를 데려온 엄마를 비난하는 대신 그녀의 스트레스를 들이마시고 그녀를 위해 평화를 내보냈다. 부정적인 자기 집착을 긍정적인 이타심으로 바꿀 수 있게 되면서 나의 불충분함, 부끄러움 등의 감정도 아름다움으로 바뀌었다.

거울을 들여다보지 마라

> 당신은 사진보다 실물이 훨씬 더 낫다.
>
> _ 로렌 허튼 Lauren Hutton, 모델

실험을 하나 해보고 싶다. 조금 극단적이긴 하지만 그 어떤 반사면도 없이 일 년을 보내겠다는 게 내 계획이다. 휴대폰도 없고, 유리 건물도 없고, 은으로 된 수도꼭지도 없고, 내 모습을 들여다볼 수 있을 만한 것은 아무것도 없이 말이다. 물론 다른 사람들도 포함해서. 다른 사람들이 내 모습을 보고 어떤 생각을 하고 있는지는 전혀 알고 싶지 않으니까. 그러나 이 계획을 실행하려면 많은 돈이 든다. 그래서 나는 소셜미디어 멀리하기를 차선책으로 삼았다. 소셜미디어도 일종의 거울이었기 때문이다.

수전 손택이 그랬듯, 나도 셀카를 영혼의 일부로 여겼다. 예쁜 머리 모양이나 훌륭한 조명은 중독성이 강했다. 사진을 올리자마자 얼마나 많은 사람들이 좋아할지, 제대로 된 사람들이 좋아할지, 노력이 물거품으로 끝나버리진 않을지 궁금해 하며 불안에 휩싸였다. 그렇다고 삭제하면 이상하게 생각하겠지? 잘 나왔다고 생각해서 올린 사진은 정반대의 효과를 내었다. 나만 이렇게 느낀 것이 아니었다.

2018년 제니퍼 밀스와 몇몇 연구자들은 셀카를 소셜미디어에 올리는 것이 여성의 기분과 신체 이미지에 어떤 변화를 가져왔는지 연구했다. 연구자들은 110명의 여대생을 세 그룹으로 나누었다.

그룹 1: 촬영한 셀카를 손대지 않은 그대로 게시할 것
이 그룹의 참여자는 아이패드로 얼굴 사진 한 장을 찍어 페이스북과 인스타그램 프로필에 업로드했다.

그룹 2: 촬영한 셀카를 보정하고 자신이 선호하는 사진으로 게시할 것

이 그룹의 참여자는 아이패드로 자신의 사진을 한 장 이상 촬영하고, 아이패드에 설치된 사진 편집 앱을 사용하여 스스로 만족할 때까지 보정한 후 프로필에 업로드했다.

그룹 3: 촬영한 셀카를 게시하지 말 것

이 그룹의 참여자는 셀카를 촬영만 하고, 업로드하지 않았다. 대신 외모와 관련 없는 기사를 읽고 기사에 대한 질문에 답하였다.

참여자들은 실험 전후의 기분에 대해 평가받았다. 그룹 1과 그룹 2의 참여자들은 그룹 3의 참여자들보다 더 불안하고 자신감이 떨어진다는 결과가 나왔다. 연구실로 들어간 시점부터 연구실을 나선 시점까지 참여자들의 평균 불안도는 수정 안 한 사진을 올린 그룹이 10%, 보정한 사진을 올린 그룹이 5.5% 상승했다. 반면 기사를 읽고 질문에 답한 그룹은 불안감이 5% 줄었다. 또 사진을 그대로 올린 그룹은 자신감이 15% 떨어진 반면, 보정한 그룹은 7% 떨어졌다.

우리라고 다를까? 우리는 SNS에서 하루 종일 너무 많은 아름다움을 본다. 멋진 모델들의 사진과 약혼식 장면, 당신을 빼놓고 저녁 식사를 하는 친구들의 모습을 본다면 당신의 세계는 그만큼 쪼그라든다.

인스타그램이나 페이스북을 열 때면 내 심장은 쿵쾅거렸다. 내 자신감을 떨어뜨리는 콘텐츠가 대부분이었으니까. 그렇다고 소셜

미디어를 끊을 순 없었다. 다른 사람들과 소통하는 수단이었기 때문이다. 우울했지만 의지가 약한 탓에 탈퇴를 할 수도 없었다.

해결책은 새로운 인스타그램 계정을 파는 것이었다. 그리고 내가 여자라는 사실에 기쁨을 느끼게 만들었던 다른 여성들에 대한 이야기를 올렸다. 기분을 좋게 하는 것, 존재를 잊게 만드는 것, 자기 파악에 도움이 되는 것, 스스로를 좋아하게 만들어 주는 것이면 무엇이든 게시했다. 외모가 아닌 경험과 지성, 성실과 성공에 관한 내용에 집중한다면 우리도 자신에게서 그런 자질을 발견할 수 있으리라 믿었다. 〈여성들의 말〉을 처음 시작했을 때만 해도 나는 뇌에 대해 알지 못했다. 뇌는 자신에 대해 나쁜 감정을 느끼게 하는 신경 회로를 만들어 이를 강화한다. 우리가 적극적으로 스스로를 위해 노력하지 않는다면, 부정적인 생각이 삶을 지배하게 될 것이다. 이 모든 것을 깨달았을 때, 〈여성들의 말〉에 더 큰 목적이 있음을 깨달았다. 단순히 여성들을 기분 좋게 만드는 게시물을 올리는 것이 아니라, 여성들이 아름다움에 대한 생각을 바꾸게 함으로써 우리는 우리의 뇌를 재정비하고 삶을 긍정적으로 바라보게 할 수 있었다.

나는 나대로 아름답다

당신은 건너편에 있는 여자를 본다.

그녀는 우아한 포즈를 취하고 있다.

그녀는 완벽하다.

그런데 그녀에겐 당신이 바로 건너편에 있는 여자다.

_ 다이앤 본 퍼스텐버그 Diane von Furstenberg, 패션 디자이너

우리는 왜 나쁜 것만 기억할까? 왜 열 마디 칭찬을 듣고도 단 한 마디의 부정적인 말만을 기억하는 걸까? 레베카가 내 신발을 흉봤을 때 그녀가 내게 아름답다고 했던 때는 왜 기억하지 못했을까?

심리학 교수인 엘리자베스 켄싱어에 따르면 부정적인 사건에 대해 감정적인 반응을 보이면, 세부사항들을 생생하게 기억할 수 있다. 부정적인 순간들을 기억하는 것은 감정적 반응을 일으키는 요인을 인지함으로써 미래에 있을 비슷한 상황을 피하기 위함이다. 처음 당신을 괴롭혔던 사람을 잊기 힘든 것도 같은 이유에서다. 뇌에 각인된 부정적 기억은 다음에 새로운 사람을 만날 때 우리가 무엇을 조심해야 하는지 알게 해준다.

인간의 진화 초기에 입력된 삶의 방식이 어떻게 작용하는가 하는 문제도 있다. 우리는 여전히 우리의 선조들이 해오던 대로 싸우거나 도망갈 수 있다. 뇌의 어떤 부분이 부정적인 기억을 영구적으로 코드화 함으로써 우리를 보호하기 때문이다. 수천 개의 긍정적

인 의견 대신 하나의 부정적인 의견을 기억하는 것도 이 때문이다.

그러나 진화는 또한 우리에게 지능을 이용하도록 만들었다. 그 중 하나가 인지적 인식이다. 인지적 인식은 갈등이 일어나면 세심한 주의를 기울여서 적극적으로 갈등을 무시할 길을 모색한다. 긍정적인 작은 흐름을 반복해서 힘찬 흐름 만들기. 이렇게 연습해 나가다 보면 긍정의 흐름도 부정의 흐름만큼 거세지리라.

긍정적인 흐름을 강화하는 한 가지 방법은 긍정적인 문구를 활용하는 것이다. 내 생각을 바꾼 문구는 '넌 그 여자처럼 예쁘지 않아. 그냥 너대로 아름다워'였다. 언제 어디서 보았는지는 기억나지 않지만 내 기억 속에서 늘 떠다니던 말이었다. 아예 그걸 스티커로 만들어서 휴대폰 뒤에 붙였다. 지하철에서 예쁜 여자를 보면 나는 급격하게 기가 죽었고, 자동적으로 나에겐 없는 것들에 집착하기 시작했다. 그럴 때면 그 스티커를 보도록 훈련했다.

'넌 그 여자처럼 예쁘지 않아. 그냥 너대로 아름다워.'

그러면 기분이 좋아졌다. 나를 사랑했던 모든 사람들, 그들이 지난 몇 년간 나에게 해 준 아름다운 말들, 나의 독특한 자질들을 떠올릴 수 있었다. 새 휴대폰을 사면서 스티커도 사라졌지만, 이젠 상관없다. 거리에서 예쁜 소녀들을 지나칠 때면 머릿속에 저절로 떠오르는 말이 됐으니까. 다른 여성의 아름다움과 나의 아름다움을 동시에 인식할 수 있게 되었으니까.

기분 셋

· ·

고갈된 자아를
회복하라

나 자신을 돌보는 것은 사치가 아니다. 자기 보호는 생존 행위다.

_ 오드리 로드 Audre Lorde

7월의 따뜻한 목요일. 침대 밖으로 나오는 것은 도저히 불가능하다고 생각했다. 쏟아지는 햇빛을 피하려고 이불 속에 얼굴을 숨기는 동안 제이는 커피를 한 잔 내려 마셨다. 그리고 이메일을 확인하고 커튼을 걷었다. 제이가 잠에서 깨어나는 모습을 보면 가끔 로봇 같다는 생각이 들었다. 항상 준비가 되어 있었던 것처럼 샤워를 하고 나와서 곧바로 옷을 차려입었다. 반면에 나는 하루를 시작하기도 전에 지쳐 있었다.

7시 30분. 드디어 이불 속에서 나왔다. 기지개를 켜고 욕실로 걸어가면서 해야 할 일에 집중했다. 양치를 하고, 세수를 하고, 데오도란트를 발랐다. 제이를 최대한 피하고 싶었다. 행복한 기분이 아니었기 때문이다. 우리 관계는 별로 좋지 못했다. 뭔가 큰일이 일어나리라는 것을 나는 예감했다.

마케팅 에이전시를 그만두고 절반으로 줄어든 월급을 감수하며 아버지의 일을 도운 지 벌써 두 달이 다 되어가고 있었다. 제이는 아버지 일을 돕는 건 정신적으로 건강한 사람이 하는 짓이 아니라고 말했지만, 나는 책을 작업할 시간이 필요했고 나를 비참하게 만드는 출퇴근에서 벗어나고 싶었다. 결국 그는 내 결정에 동의했다. 바라던 바를 이루었으니 행복해야 했다. 그러나 그날 아침은 기분이 좋지 않았다.

현관문이 닫히는 소리가 들리자, 심호흡을 한 후 일과를 시작했다. 믹서기를 닦아내고, 식기세척기를 돌리고, 침대를 정리하고, 쿠션을 반듯하게 정리했다. 그리고 일을 하기 위해 식탁 위에 노트북을 펼쳤다. 갑자기 아랫배가 당기는 것을 느꼈다. 직장에서 느꼈던 것과 똑같은 내면의 분노가 올라오고 있었다. 창문 밖에서는 시끄러운 공사 현장의 소음이 들려왔고 부엌 쓰레기통에서는 쓰레기 냄새가 났다.

집에서 일하는 게 싫었다. 8시간 동안 사람을 볼 수 없다니 자연스러운 일이 아니었다. 어떻게 위로해 줄 사람이 아무도 없지? 회사에서는 최소한 함께 불평을 늘어놓을 동료라도 있지 않았나? 이젠 아빠밖에 없었다. 하지만 지난번 아빠에게 불평한 대가로 엄마가 전화를 걸어왔고 나는 '전문가답게 행동하는 것'에 대한 장시간의 설교를 들어야 했다. 결국 엄마하고도 말하지 않게 됐다.

오후 한 시까지 집중해서 일했다. 샌드위치를 만들기 위해 잠깐 멈추고, 에어컨 리모컨을 찾느라 잠시 돌아다닌 걸 빼고 말이다.

두 시쯤엔 침실에 있는 책상으로 자리를 옮겼다. 두 페이지도 못 썼는데 벌써 다섯 시였다. 제이가 집에 오기 전에 저녁식사 준비를 마치려면 마트에 가야 했다. 그곳에 가면 이런 기분에서 벗어나겠지 싶었다. 그러나 내 기분은 더욱 엉망이 되어 버렸다.

퇴근 무렵이라 마트는 사람들로 북적거렸다. 엎친 데 덮친 격으로 사려고 했던 재료가 네 가지나 없었다. 다른 걸 요리해야 하나, 아니면 나머지 재료만 넣어서 만들어야 하나? 다른 걸 만든다면 뭘 만들지? 휴지는 꼭 사야 되나? 한꺼번에 수많은 질문이 소용돌이쳤다.

결국 살 필요가 없는 휴지를 샀고, 꼭 사려고 했던 닭고기는 잊어버렸다. 냉장고를 열고서야 그 사실을 알고 눈물이 났다. 눈물은 밖으로 똑똑 흘러나오다가 급기야 통제 불능이 되어 버렸다. 나는 그 자리에 주저앉아 엉엉 소리 내어 울었다. 기분을 몰아내는 중이라고 생각했지만 울음이 그친 후에도 기분은 나아지지 않았다. 저녁 준비를 못 해서 마음이 놓이지 않았던 것이다.

제이에게 문자를 보내서 집에 오는 길에 닭고기를 사오라고 할까 싶었다. 하지만 제이는 일곱 시에나 도착할 터였다. 결국 코트를 도로 입고 마트까지 여덟 블록을 걸어가 빨갛게 부은 눈으로 빌어먹을 닭고기를 샀다. 나올 때쯤엔 비가 흩뿌리고 있었다. 아파트를 향해 돌아가는 길은 세상의 마지막으로 가는 길 같았다. 휴대폰을 확인하니 업무와 관련한 새로운 메일이 몇 개 눈에 띄었다. 그것들이 가슴을 옥죄는 것 같았다.

기분 셋

'도대체 어떻게 나한테 이메일을 보내? 어떻게 퇴사한 직원에게까지 뭔가를 요구할 수가 있냐고?'

당장 답장을 보낼 필요는 없었지만 그쪽에서 기다리고 있을 걸 생각하니 가슴이 쿵쾅거리기 시작했다. 마음속엔 절망이 가득했다. 아침에 느꼈던 사소한 불쾌감은 이제 감당할 수 없을 만큼 커져 있었다. 벼랑 끝에 서 있는 듯한 느낌이었다. 제이의 불만스런 눈초리가 나를 자극할 것 같았다. 또 다른 업무 메일이 날 히스테릭하게 만들 것 같았다. 트럭에 뛰어들고 싶었다. 그 생각을 없애기 위해 할 수 있는 모든 일을 떠올렸다. TV를 보고, 비명을 지르고, 마음을 진정시킬 만한 것들을 떠올렸지만 이거다 싶은 건 없었다.

"왜 그래?"

제이가 집에 도착한 지 5분 만에 물었다. 신경질적으로 내뱉는 목소리를 듣고 그러는 것이 틀림없었다. 명랑한 목소리를 낸다는 것은 역기를 들어 올리는 것처럼 고통스러운 일이었다.

"별 거 아냐." 나는 대답했다. "그냥 일하면서 안 좋은 하루였어."

당신의 의지력은 유한하다

일 때문이었나? 그냥 안 좋은 날이었나? 짜증나는 이메일 몇 통. 두 번 마트에 다녀온 일. 망한 요리. 사실 잘못된 것은 아무것도 없었다. 예전엔 출퇴근을 했고 직장에서 긴 하루를 보냈다. 4시에 일이 끝나더라도 5시 30분까지는 자리를 지켜야 했다. 이젠 그러지 않아도 되었다. 그런데 왜 기분은 그때와 전혀 달라지지 않았을까?

기분을 적어서 설명해 보려 했다.

"지쳤다. 짜증난다. 안절부절못하겠다."

그런 뒤엔 잊어버리자고 생각했다. 맥이 빠져서 도저히 일할 기분이 아니었다. 일기장을 서랍에 던져 넣고 와인 한 병을 비운 뒤 나가떨어졌다.

그 기분이 무엇을 말해주는지 이해하는 데는 시간이 좀 걸렸다. 적어도 다섯 번은 더 그 기분을 느꼈을 때쯤 한 친구가 공유해 준 기사가 답을 주었다. 의지력과 자기 통제력에 관한 심리학 이론 기사였다. 기사에 따르면 의지력이란 유한한 자원이다. 하루 종일 사용하면 나중엔 점차 줄어들게 된다. 퇴근 후에 헬스장에 가는 것이나 집을 방문한 부모님이 떠나실 때쯤 인내심이 바닥나는 것은 다 그 때문이다.

자아고갈에 대한 이론은 사회심리학자인 로이 바우마이스터와 마크 무레이븐에 의해 탄생했다. 그들은 의지력을 요구하는 과제를 통해 개인의 자제력을 측정했다. 그들은 실험에 참가한 사람들에게 몇 분 동안 그들의 마음속에 떠오르는 생각을 나열하도록 하고, 한 그룹에게는 백곰을 제외한 무엇이든 생각할 수 있다고 덧붙였다. 참가자들은 일련의 수수께끼를 받았다. 애당초 풀 수 없는 수수께끼였고, 바우마이스터는 그들이 수수께끼를 포기하기까지 얼마나 오랜 시간이 걸렸는지를 측정했다. 백곰 생각을 억눌러야 했던 그룹의 참여자들은 다른 그룹 참여자들보다 훨씬 빨리 포기했다.

당신의 의지력과 자제력을 하나의 가스탱크라고 상상해 보라. 가스가 가득 찬 탱크는 최적의 성능으로 작동하여 우리를 친절하고 인내심 많은 사람으로 만든다. 계속 헬스장에 운동하러 갈 수 있도록 해 주고 화를 덜 내도록 돕는다. 저녁에 맥도날드를 충동적으로 주문하지 않도록 막아준다.

한 주의 절반쯤이 지나가면 가스의 3분의 2는 없어지고 당신은 부담감을 느끼기 시작한다. 당신은 헬스장에 운동하러 갈 동기가 없어진다. 비명을 지르지 않고는 출근할 수 없게 된다. 저녁에 충동적으로 피자를 주문하고 사소한 일에도 분노를 표출할 것이다. 여기서 중요한 점은 자아고갈이 여성들의 비이성적 행동을 유발하는 핵심적인 이유라는 것이다.

그 기분은 자아고갈 때문이었다. 일하는 장소가 어딘지, 무슨 일을 하는지는 사실 중요하지 않았다. 하루를 헤쳐 나가는 데 드는 노력의 양이 중요했다. 나는 출퇴근을 하는 대신 청소를 했고, 책상에 앉는 대신 마트에서 물건을 샀다. 마침내 자아가 바닥나자 나를 둘러싼 주변 세상이 낯설게만 보였고, 삶이 버거워졌다.

자아고갈이 이유다

우리는 피곤할 때 짜증을 낸다: 우리가 피곤할 때 왜 짜증을 내는지 생각해 본 적이 있는가? 피곤하다는 것이 당신을 짜증나게 만드는 게 아니다. 피곤하다는 것은 충분한 수면을 취하지 않았다는 것을 의미한다. 의지력을 보충하지 못했기에 더 적은 의지력으로 하루를 보내야 한다는 뜻이다. 따라서 모든 일이 어렵게 보이고 판단은 흐려지며 충동성이 강화된다. 고갈된 상태에서 작동하는 당신의 뇌는 혼란을 겪는다.

우리는 나쁜 습관을 억제할 수 없다: 나쁜 습관은 특정한 신호와 자극에 의해 유발된다. 당신이 왜 밤에 외출만 하면 담배를 피우게 되는지 궁금하지 않은가? 그것은 불빛 찬란한 도시와 화려한 네온사인들처럼, 당신을 자극하는 신호들이 담배에 대한 습관적인 반응을 유발하기 때문이다. 의지력이 높을 때, 우리는 그 자극들과 적극적으로 싸울 수 있다. 억지로 신호를 차단하고 자동적인 습관을 멈추게 할 수 있다. 하지만 의지력이 고갈되었을 때는 이런 습관들과 싸우지 못한다.

우리는 멍청한 결정을 내린다: 우리는 보통 너무 지쳐 있을 때 가장 큰 실수를 저지른다. 스탠포드 대학의 조너선 레바브와 벤구리온 대학의 샤이 댄지거가 가석방 담당관을 대상으로 한 연구에서 이 같은 사실이 소개됐다. 아침에 근무하는 경찰관들은 저녁에 근무하는 경찰관에 비해 의뢰인들을 파악하고 사건들을 검토하는 데 더 많은 시간과 에너지를 쏟았다. 1년 동안 1,100건 이상의 결정을 분석한 결과, 아침 일찍 출두한 죄수들은 약 70%가 가석방을 받은 반면, 늦은 시간에 출두한 죄수들은 10% 미만이 가석방을 받은 것으로 밝혀졌다.

그간 내가 얼마나 잘못 대처해 왔는지를 깨달았다. 채우는 방법을 찾는 대신 나 자신에게서 마지막 한 방울까지 짜내고 있었다. 쉬는 대신 틈나는 대로 일을 했다. 고통으로 고통을 치료하고 있었다. 헬스장에서 내 몸이 피곤하다고 신호를 보내는 것과 마찬가지로 이런 기분은 내 의지력이 낮아졌다는 걸 알리는 신호였다. 자신을 충전해야 한다는 신호이기도 했다.

우아하게 거절하는 법

> 혼자 있을 때 나는 나를 회복한다.
>
> _ 마릴린 먼로 Marilyn Monroe, 배우

자고 일어나면 괜찮아질 거라고 말하는 것은 수면이 심리학적으로 증명된 의지력 회복 방법 중 하나이기 때문이다. 하지만 나는 회복해야 할 때마다 잠을 잘 만큼 여유로운 상황이 아니었다. 다른 방법을 찾아야 했다. 그것은 바로 거절이었다.

나는 수락의 여왕이었다. 공식적으로만 그런 것이 아니었다. 일주일 동안 개를 봐달라는 부모님의 요청, 좋아하지 않는 사람들로부터의 점심 초대, 퇴근 후 사촌들을 차에 태우고 시내를 구경시켜 달란 부탁, 심지어 거절하고 싶은 것들에 대해서도 항상 오케이를 했다. 안 된다고 말하는 게 편치 않았다. 누군가를 실망시키는 것에 대한 두려움은 드러누워서 쉬고 싶은 마음을 뛰어넘었다. 이런 감정은 결국 블루밍데일스 백화점에서의 대참사를 불러왔다. 이게 무슨 소리냐고?

피곤한 한 주를 보내고서 토요일 아침, 제이와 새 양복을 사러 가기로 했다. 결혼식 때 입을 정장을 맞추려고 말이다. 친구가 블루밍데일스에서 일하기 때문에 할인을 받을 수 있었으므로 그리로 가야 했다.

블루밍데일스는 맨해튼 한가운데에 있었다. 우리는 브루클린에서 출발했기에 N이나 Q라인을 타고 가다가 유니언 스퀘어에서 백화점 앞으로 가는 그린 라인으로 갈아타야 했다. 역사상 가장 더운 7월이었다. 브루클린 노선은 보수 공사로 인해 배차 간격이 늘어나 있었고, 열차는 20분마다 왔다. 한 시간 만에 겨우 블루밍데일스에 도착했다. 지하철에서 느꼈던 불안이 가라앉으며 잠깐 안도감이 찾아왔다. 제이는 남성 정장 코너를 둘러보면서 옷을 입어보았고, 나는 사이즈별로 옷을 들고 다니면서 옆에서 의견을 들려주었다. 그리고 속으로 이렇게 생각했다.

'정말 약혼자 노릇 한 번 제대로 하고 있구나.'

그러다 어느 나이 지긋한 직원이 작정한 듯 우리 뒤를 따라다니기 시작했다. 적어도 70세 이상은 되어 보이는 직원이었다. 그녀는 제이가 옷을 입어보러 가는 동안 드레스 사진을 보여주고 잡담도 하면서 친절하게 대하려고 노력했다. 하지만 나는 그 직원이 우리를 좀 내버려두기를 바랐다.

다음으로 구두를 보러 갔다. 우리가 생각하는 가격대에서 세 가지 스타일을 시도해볼 생각이었다. 그때 직원이 구두 한 켤레를 가지고 왔다. 그녀는 그 제품이 특별한 행사를 위해 존재하는 명품 브랜드라고 설명했다. 나는 너무 비싸다고 했지만 그녀는 품질에 비하면 그렇게 비싼 가격은 아니라고 말했다.

"구두나 정장에 돈 좀 더 써야 하나?"

나는 제이에게 물었다.

"정장엔 그래야 할 것 같은데, 맞죠?"

제이가 직원에게 물었다.

"아니오." 라는 직원의 말이 들려왔다. "구두가 핵심이죠."

"맞는 말이야." 하고 나는 말했다.

이제 우리는 더 저렴한 정장을 찾아다녀야 했다. 더 저렴한 정장을 찾아내자, 그에 맞는 좋은 셔츠가 필요했다. 제이는 나에게 슬림형과 표준형 중에 뭘 사야 하냐고 물었다. 나는 그 차이를 몰랐다.

"어깨에 너무 달라붙나?"

그가 물었다.

"양복 안에 입는데 무슨 상관이야?"

나는 대꾸했다. 두 시간이 지났다. 발이 아프기 시작했고, 제이의 팔에 셔츠가 끼든 말든 상관없어졌다.

마침내 모든 것을 계산대에 올려놓았다. 하필 우리가 고른 셔츠가 없어서 직원이 창고에서 셔츠를 찾아와야 했다. 발이 점점 아파오기 시작했다. 휴대폰을 보니 여기 온 지 세 시간이 지났고, 아파

트를 나온 지는 네 시간째였다. 그 지점이 나의 한계였다. 그러고
도 20분이 더 지나서야, 그녀는 맞는 셔츠를 가지고 돌아왔다.

"블루밍데일스 카드 가지고 있나요?"

그녀가 물었다.

"아뇨."

나는 거절의 뜻으로 제이의 신용카드를 내밀었다.

"꼭 하나 가지고 있으셔야죠. 제가 빨리 하나 만들어 드릴게요."

그녀는 신호를 알아차리지 못했다.

"아뇨, 신용카드는 충분히 있어요."

"신용카드가 아니에요. 멤버십 카드지. 전화번호와 이메일만 있
으면 되구요."

"됐다고요! 제발 여기서 끝낼 수 있게 그냥 좀 계산해 달라고요!"

왼쪽에서 셔츠를 접고 있던 남자가 우리를 쳐다보았지만 나는
개의치 않았다. 직원은 멤버십 카드를 내려놓고 포스기에 우리가
구매한 제품 정보를 입력하기 시작했다. 원하는 사이즈의 바지가
없다는 사실을 그제야 깨달은 직원은 주문을 다시 넣었다.

"고객님의 배송 세부사항을 말씀해주세요."

독수리 타법으로 한 글자씩 입력하는 직원을 나는 멍하니 바라
보았다.

"뭐죠? 얼마나 더 기다려야 되나요?"

내가 누구고 어디에 있는지도 잊은 채 소리를 쳤다. 직원은 식은
땀을 흘렸다. 그녀가 얼마나 나이들었고 친절한지는 더 이상 상관

없었다.

"거의 다 됐어요."

그녀가 말했다. 제이가 나에게 진정하라는 표정을 지었다. 그때 직원이 이번엔 구두 사이즈를 잘못 입력했음을 알아챘다. 그러나 구두는 이미 출고 작업 중이었다. 아파트 이름도 1V가 아닌 1B로 잘못 적혀 있었다.

"네, B 말고 V요."

나는 이를 악물었다.

"알겠어요."

그녀는 땀을 줄줄 흘리고 있었다.

"처음부터 다시 입력할게요. 주소가 어떻게 되신다고요?"

"됐어요, 난 여기서 나갈 거야. 제기랄! 이게 뭐야!"

나는 소리를 지르며 블루밍데일스를 뛰쳐나와 미드 타운의 찌는 듯한 더위 속으로 뛰어들었다. 우리는 서로 말도 한 번 섞지 않고 집으로 돌아왔다. 정장도 못 사고 주말에 다섯 시간을 낭비하다니. 또 한 번 나 자신이 부끄러웠다. 아나이스 닌이 옳았다. 인간이 가장 정확하게 자신을 드러내는 때가 정서적으로 위기에 처한 순간이라면, 그때 내 진짜 자아는 끔찍함 그 자체였다. 뒤늦게 그 사건이 자아가 고갈되는 걸 조절하지 못해서 생긴 일임을 깨달았다.

그날 이후로 자신을 고갈시키는 짓이라고 생각되거나 이미 바닥나서 아무것도 할 수 없다고 느껴질 때는 '아니오' 또는 '다음에요'라고 말하기로 결심했다. 자아고갈로 삶을 망치는 데 지쳤기 때문이다. 감정적인 성숙함이란 자신의 한계를 인지하는 것이다. 필요할 때 '아니오'라고 말하기. 나를 채워주지 못하는 것들은 건너뛰기. 혼자 있어야 할 때와 다른 사람이 필요할 때를 구분 짓기. 자신의 상태를 파악하고 집에 있었더라면 블루밍데일스에서의 참사를 피할 수 있었을 것이다. 아니면 제이에게 카페나 보석 매장에서 만나자고 해서 조용히 재충전을 할 수도 있었으리라.

나만의 치유법을 개발하라

> 행복한 삶의 비결 중 하나는, 계속해서 소소한 대접을 받는 데 있다.
>
> _ 아이리스 머독 Iris Murdoch, 소설가

안타깝게도 인생을 살다 보면 거절할 수 없는 순간들이 있다. 어떤 날은 잡일과 업무로 넘쳐날 것이고, 또 어떤 날은 블루밍데일스에서처럼 완전히 바닥이 날 수도 있다. 사무실에서 긴 하루를 보내고 집에 와서 자녀의 숙제를 도와야 할 때. 상사가 퇴근 시간 직전에 던져준 15페이지짜리 보고서를 마무리해야 할 때. 명절을 맞아 시댁에 가야할 때. 당신은 자제력과 의지력을 짜내어서 극복해야 한다. 그런데 어떻게? 그럴 힘이 없을 때는 어떻게 하나?

심리학자들은 휴식할 시간이 없을 때 자제력을 보충하는 방법에 대해 수많은 연구를 실시했다. 가장 빠르게 재충전할 수 있는 방법은 스스로를 대접하는 것이다. 엘리자베스 길버트는《먹고 기도하고 사랑하라》에서 의식의 중요성에 대해 이렇게 이야기한다.

"우리가 인간으로서 영적인 의식을 행하는 이유는, 기쁨이나 트라우마와 같은 복잡한 감정에 계속해서 짓눌리지 않도록 안식처를 만들기 위함입니다."

의식이란 당신이 평화를 얻고 지친 마음을 회복하기 위해서, 일상에서 할 수 있는 사소하고 평범한 행위이다. 점심시간에 산책하기, 매니큐어 손질받기, 출퇴근길에 지하철에서 읽을 책 새로 구입하기, 일요일 저녁 욕조에서 목욕하기 등등.

무엇이 당신을 지치게 하고 무엇이 당신을 충전시키는가? 하루가 무너질 것 같을 때 당신의 기분을 좋게 만드는 것은 무엇인가? 우리 모두는 스트레스와 고갈 상태에 익숙해진 나머지 거기서 벗어나기를 어려워한다. 그러나 하루 중 즐거운 시간이 늘어나면 짜증나는 순간을 다룰 수 있는 힘도 덩달아 강해진다.

최근 연구들에 따르면, 긍정적인 감정은 자아고갈을 방지할 수 있다고 한다. 스트레스를 받을 때 기분이 좋아지기란 몹시 어렵지만, 그럼에도 우리는 즐거운 기분을 가져야 한다는 것이다.

한 연구에서 세 그룹으로 나누어진 실험 참가자들은 자율적인 규제가 필요한 과제를 수행한 후 각각 코미디 쇼를 보거나, 선물을 받거나, 아무것도 하지 않았다. 그런 다음 자율적인 규제를 요구하는 또 다른 과제를 부여받고 얼마나 잘 수행하는지 평가받았다. 그 결과 코미디 쇼를 보거나 선물을 받은 이들은 중간에 아무것도 하지 않은 참여자들보다 더 좋은 성과를 냈다.

즐거운 시간을 가지는 건 이기적인 행위가 아니다. 기운을 북돋는 행위다. 정신적으로 붕괴되는 상황을 맞았을 때 당신을 기분 좋게 만들어 주는 게 무엇인지 아는 것, 탈진하지 않도록 일주일 내내 자신의 페이스를 어떻게 조절하는지 아는 것은 당신이 성숙하다는 증거다.

34세의 수전 손택은 리스트 작성의 달인이었다. 그녀는 "나의 관심사 혹은 잠재적 관심사가 아니라면 그 어떤 것도 존재하지 않는다"라고 말했다. 존재하기 위해서는 주목받아야 한다는 신념에서 그녀는 자신이 좋아하고 싫어하는 것들의 리스트를 만들었다.

수전 손택의 일기 (1977년 2월 21일)

내가 좋아하는 것들: 불꽃, 베니스, 데킬라, 일몰, 아기, 무성영화, 경치를 볼 수 있는 높은 곳, 굵은 소금, 중산모, 털이 긴 대형견, 선박 모형, 계피, 거위털 누빔 이불, 포켓시계, 새로 깎은 풀 냄새, 린넨, 바흐, 루이 13세 풍 가구, 초밥, 현미경, 넓은 방, 장화, 마시는 물, 메이플 캔디.

내가 싫어하는 것들: 아파트에서 혼자 자는 것, 추운 날씨, 커플, 축구 경기, 수영, 멸치, 콧수염, 고양이, 우산, 사진 찍히는 것, 감초 맛, 머리 감는 것(혹은 누군가 내 머리를 감겨주는 것), 손목시계를 차는 것, 강연하기, 편지쓰기, 샤워하기, 로버트 프로스트, 독일 음식.

그레첸 루빈은 그녀의 저서 《행복 프로젝트》에서 소비와 행복에 초점을 맞췄다.

"나를 행복하게 하는 것은 가치를 두는 일에 돈을 쓰는 것이다. 진정으로 원하는 것을 찾으려면 다른 사람들의 욕망을 의미 없이 흉내 내는 대신, 자신에 대한 이해와 규칙이 필요하다. 만약 당신이 돈으로 행복해지기를 바란다면 당신에게 행복을 가져다주는 것들에 돈을 써야 한다."

무엇이 나를 행복하게 만들 수 있을까? 일상에 어떤 작은 의식을 더해야 더 많은 일에 몰두할 수 있을까? 수전 손택에게 그것은 커피였다. 거트루드 스타인에게 그것은 문학이었다. 캐리 브래드쇼에게 그것은 신발이었다.

나는 불가리의 향수 오 파퓨메 병에서 그것을 찾았다. 뚜껑을 열면 그 향기는 나를 다른 시간 다른 장소로 데려다 주었다. 할 일이 없고 스트레스를 받지 않아도 되는 곳, 은은한 조명 아래 흰 장갑을 낀 남자들이 문을 열어 주는 파리나 로마의 어디쯤으로. 무력감이나 환멸을 느낄 때마다 손목과 귀 뒤에 향수를 뿌렸다.

요리도 하나의 의식이 되었다. 식재료를 만들어 섞고 휘젓는 단순한 행위가 보람 있는 취미생활로 변했다. 손에 들고 있는 재료 외에는 아무 생각이 들지 않으니 편했다. 하루 중 내가 하고 싶은 일을 통해 의지력을 채우는 시간을 가졌다.

이보다 간단하고 만족스러운 의식도 있을 것이다. 가령 매일 저녁 촛불을 켜는 행위도 의식이 될 만하다. 하루 동안의 근심을 함께 태워버리는 거다. 차 한 잔이 의식이 될 수도 있다. 찻주전자가 끓을 때 나는 소리도 의식의 일부다. 차를 마시는 동안 당신은 모든 것으로부터 해방된다.

몇 년이 지나자 나만의 의식도 늘어났다. 좋아하는 영화관에서 새로 개봉하는 영화 보기, 무인양품 볼펜, 엑스트라 더티 마티니, 해질 무렵 브루클린 산책하기, 다크 초콜릿, 새로 사온 책. 이런 의식들은 정신적으로 무너질 것 같을 때 내 기분을 다시 좋게 만들어 줄 것이다.

유명한 여성들의 자기 치유 방법

오드리 헵번: "그녀는 저녁식사 후에 초콜릿을 만들어 먹곤 했다. 그리고 밤이 되면 스카치 한두 잔을 마셨다." - 로버트 월더스, 오드리 헵번의 파트너

조지아 오키프: "새벽에 일어나는 게 좋다. 개들이 나에게 말을 걸어오면 불을 피우고 차를 끓이는 게 좋다. 침대에 앉아서 해가 뜨는 것을 지켜본다. 주변에 아무도 없는 아침은 최고의 시간이다. 누구도 끼어들지 않아서 좋다."

존 디디온: "저녁식사 전에 술을 마시며 혼자 보내는 시간이 한 시간쯤 필요하다."

기분 셋

> **코코 샤넬:** "나는 샴페인을 두 경우에만 마신다. 사랑에 빠졌을 때와 그렇지 않을 때."
>
> **엘리자베스 테일러:** "록 콘서트에 가는 것을 좋아한다. 그 엄청난 리듬과 뜨거운 열기에 나를 맡기는 것을 좋아한다."

당신이 자신을 즐겁게 해줄 방법을 찾는 데 어려움을 겪고 있다면 다음의 몇 가지 방법을 참고하시라.

나만의 점심시간을 가져라

회사에서 점심을 먹을 때면 죄책감을 느끼곤 했다. 치폴레(멕시코 음식을 전문으로 하는 캐주얼 다이닝 체인점: 옮긴이 주)로 달려가 사온 점심을 책상에 앉아서 20분 안에 해치워야만 쓸 만한 직원이 된 듯싶었다. 하지만 얼마나 어리석은 짓이었던가? 아무도 날 신경 쓰지 않았고, 나는 맡은 바를 다하는 직원이었다. 밖에서 느긋하게 점심을 먹는다고 해서 무엇이 달라졌을까?

틈틈이 피로회복을 하라

예전 직장 동료인 멜라니에 대해서 두 가지 잊지 못할 추억이 있다. 첫 번째 추억은 멜라니가 첼시에서 여자애들 네 명과 함께 살았다는 거다. 어느 날 룸메이트들이 멜라니 문제로 회의를 열었다.

"넌 너무 큰 소리로 섹스를 해! 소피는 어젯밤 네가 너무 소리를 내는 바람에 맨발로 비를 맞으면서 발코니에 나가 있었어!"

멜라니는 다음날 회사에서 울면서 내게 말했다.

"그냥 TV라도 켰으면 됐잖아. 걔가 폐렴 걸린 게 왜 내 탓이야?"

두 번째 추억이 바로 내가 말하려는 거다. 멜라니는 종종 네일을 받았다. 짬을 내서 네일을 받은 뒤 사무실로 돌아와서는 쾌활한 목소리로 우리에게 손톱을 자랑하곤 했다. 시간 낭비요 돈 낭비라고 속으로 생각하곤 했다. 15달러로 할 수 있는 게 얼마나 많은데. 하지만 지금의 나는 그녀가 흥청망청 쓴 15달러야말로 정신 건강을 위한 작은 대가임을 안다. 매니큐어는 그녀의 안식처였다. 치열한 도시 생활로부터, 룸메이트며 회사 일로 인한 정신적 혼란으로부터 자신을 지켜내 주는 의식이었다. 의식을 행하려고 토요일까지 기다릴 필요는 없다. 주말에 맥도날드를 신나게 먹기 위해서 평일 내내 굶느니 일주일 동안 간식을 조금씩 나눠 먹는 편이 더 나으니까. 우리에게 필요한 건 더 나은 평일이다.

기다림에 대비하라

수면과 긍정적인 기분은 의지력을 회복시킨다. 그렇다면 의지력이 줄어드는 것을 막을 방법은 없는 걸까?

누군가가 "인내는 기다리는 능력이 아니라, 기다리는 동안 좋은 태도를 유지하는 능력"이라고 말한 적이 있다. 나는 인내심이 약했다. 지하철 연착, 아멕스 카드회사 CS 담당자와의 통화 연결 대기 시간, 은행의 순번 따위가 기운을 쪽 빨아 먹었기에 쓸 힘이 남아 나지 않았다.

답은 《뉴요커》였다. 우주에서 온 선물처럼 매주 우편함에 도착하는 그 잡지. 여행의 동반자이자 나의 사랑스러운 애착 인형. 연간 구독료 99달러는 기다리느라 낭비하는 시간을 독서할 기회로 바꿔주었다. 기사 읽기가 싫으면 만화를 보면 되었고, 친구들과 공유할 수 있는 음식점 리뷰들을 보면서 곧바로 예약을 할 수도 있었다. 기다리느라 인내심을 애써 발휘할 필요가 없었다.

독서에 관심이 없다면 NPR(미국 워싱턴 D.C.에 본부를 둔 미국의 비영리 미디어 기관: 옮긴이 주) 구독료를 내고 라디오를 들어보라. 아이폰 추가 저장 비용을 부담해서 드라마 〈그레이 아나토미〉 에피소드 전체와 당신이 좋아하는 노래들을 받아둬라. 언젠가 닥칠 기다림의 시간에, 그것들은 당신이 지불한 금액의 몇 배로 위력을 발휘하리라.

불필요한 선택지를 없애라

> 모든 것에 조금씩 손대느니 차라리 손을 떼는 게 낫다.
>
> 나는 '발만 담그는' 여자가 아니다. 뭘 하든, 전부를 원한다.
>
> _ 일레인 스트리치 Elaine Stritch, 영화배우

블루밍데일스에서의 폭발 이후 몇 주가 지나자 기분이 나아졌다. 심지어 기분 좋은 상태가 지속되고 있었다. 나 자신을 대접할 방법을 찾아나가는 것은 무척 즐거운 일이었다. 그러다 또 한 번 난관에 부딪히고 말았다. 집에 돌아와 샤워를 하다가 제이에게 문자를 받았을 때였다.

'저녁으로 뭐 먹을래?'

'상관없어, 자기가 골라봐.'

배려라고 생각했다. 고를 기운이 없기도 했고.

'특별히 떠오르는 게 없어. 그러니까 문자했지.'

제이는 기분이 좋지 않은 것 같았다. 그냥 답장을 보냈다면 좋았겠지만 내가 뭘 먹고 싶은지 알 수가 없었다. 둘 다 별로 좋아하지 않는 음식을 비싸게 사서 돈 낭비를 하고 싶지도 않았다. 내가 까다롭다고 생각하고 있으려나? 마음이 불안해졌다. 서로 감정을 상하게 할지 모르는 상황이었다. 커플들이 저녁으로 뭘 먹을지 결정할 때 다투는 건 음식 때문이 아니다. 누가 결정을 하느라 신경 쓸지에 관한 문제다. 결정하는 데는 힘이 드니까.

결정의 힘에 대해 연구한 전문가 앤 손다이크 박사는 병원 환자들이 탄산음료를 많이 마시는 것을 보고 어떻게 하면 그들의 식습관을 개선할 수 있을지 알아보고 싶었다. 그녀는 먼저 병원 구내식당의 탄산음료 소비량을 조사한 다음 계산대 근처에 있는 탄산음료 전용 냉장고에 물병을 추가하고 구내식당 급식소 주변에 물통을 추가했다. 그러자 석 달 만에 탄산음료 판매가 크게 줄어들고물 매출이 늘어났다. 이는 제품 못지않게 제품이 놓이는 위치가 사람들의 선택에 영향을 주고 있다는 뜻이었다. 그 동안 환자들이 물을 마시지 않았던 건 주변에 물을 마시게 자극하는 신호들이 보이지 않았기 때문이다.

선택은 의지력을 가장 많이 사용하는 하는 행위다. 생각하고, 추론하고, 반응하고, 결정하게 만든다. 오늘은 그냥 전화해서 쉰다고 말할까? 밖에는 무슨 옷을 입고 나가지? 점심은 밖에 나가서 사 먹어야 하나? 이런 사소한 결정에도 의지력이 필요하다. 뇌는 하루 종일 수백 가지의 결정을 내리며 쉴 틈 없이 엔진을 돌린다. 우리가 가능한 한 선택을 피하고 싶어 하는 데는 다 이런 이유가 있다.

브로드웨이의 스타 배우 일레인 스트리치는 술을 마실지 말지를 두고 갈등을 겪곤 했다. 무섭지? 술 한 잔 마셔. 그럼 용기가 날 거야. 꽉 들어찬 관객과 돌아가는 카메라 앞에 설 수 있는 용기를 주는 말이었다. 술은 그녀에게 친구였고 동료였지만 결국 골칫거리가 되고 말았다. 그녀는 파리의 호화 파티에서 큰 망신을 당한 뒤

술을 끊어야겠다고 생각했다. 하지만 완전히 끊지는 못해서 하루에 두 잔만 마시겠다고 다짐했다. 무대에 오를 용기를 주는 데 한 잔. 무대를 진행시킬 용기를 주는 데 또 한 잔. 에미상 수상의 영예를 안긴 1인 토크쇼 〈자유〉에서 그녀는 이렇게 고백했다.

"하루에 두 잔. 하루에 두 잔. 하루에 두 잔! 그런 다짐은 아무 짝에도 쓸모가 없었어요!"

우디 앨런의 쫑파티에서 술을 마신 뒤 당뇨병을 진단받고 나서야 그녀는 완전한 금주를 결심했다. 그 후 20년 동안 일레인은 취하지 않았고, 금주 모임의 도움을 받으면서 여든 살까지 성공적으로 활동했다.

중독과 알코올에 대해서는 잘 모르지만, 양을 줄이는 것보다는 완전히 끊는 것이 더 쉽다는 건 안다. 감자튀김을 한 개만 먹는 것보다 입에도 안대는 것이 훨씬 더 쉬우니까. 나쁜 건 눈에 보이지 않을 때 무시하기가 훨씬 쉽다.

《아주 작은 습관의 힘》의 저자 제임스 클리어 역시 유혹에 저항하는 것보다 피하는 것이 더 쉽다고 말한다. 월요일 밤, 기진맥진한 모습으로 현관문을 지나가다 거기 진열된 와인 병이 눈에 띄면 와인을 마시지 않기란 어려운 일일 것이다. 방 안에 있는 코끼리처럼, 눈에 보이기에 외면할 수가 없는 것이다. 월요일에 정말로 술을 마시고 싶지 않다면 일요일 밤에 와인 병을 숨겨 놓으면 어떨까? 불필요한 선택지를 없애면 의지력을 통제하고 하루 종일 에너지를 유지할 수 있다.

나는 그동안 걱정을 하느라 많은 에너지를 소모했다. 마음을 찬찬히 살펴보니, 걱정 또한 선택의 문제였다. 상사나 엄마가 한 말에 대해서 걱정할지 말지를 선택해야 했고, 내 지난 말과 행동에 대해 되돌아봐야 할지 말지도 선택해야 했다. 그것들을 조금 걱정하느니, 아예 생각조차 하지 않는 편이 나았다.

긍정적으로 사고하라

> 당신의 말은 당신의 지팡이다.
> 당신이 한 말들은 당신의 운명을 창조한다.
> _ 플로렌스 스코벨 쉰 Florence Scovel Shinn, 작가

회사를 다니는 데는 의지력이 많이 필요했다. 일과를 마치고 집에 돌아오면 끔찍한 기분을 느끼곤 했다. 하지만 일상에서 나만의 의식을 행하고, 불필요한 선택들을 제거하면서 에너지는 두 배로 늘었고 망가지는 횟수는 절반으로 줄었다. 그럼에도 여전히 익숙해지지 못하는 것 한 가지가 있었다. 일할 생각 때문에 시작되는 일요일의 공포, 월요병이었다.

자아고갈은 퇴근 후의 기분을 망쳐 놓았지만 월요병은 일을 시작하기도 전에 기분을 망쳐 놓았다. 머릿속의 불안한 목소리를 지

우려고 소파에 앉아 멍청하게 TV를 보며 일요일을 보냈다. 아직 일어나지도 않은 일을 걱정하느라 제이와 서먹서먹해지다니, 넌더리가 났다. 일요일을 토요일처럼 느끼고 싶었다. 이틀 동안 쉬는데 왜 그 중 하루만 온전하게 누리는 걸까?

나는 몇 년 전을 회상했다. 록산느와 절교하기 몇 달 전 일요일이었다. 맨해튼에서 3년 동안 우리는 룸메이트로 지냈다. 그 후로는 일주일에 두세 번, 나중에는 주말에만 만나게 되었다. 친한 건 여전했지만 우리 각자의 모습은 빠른 속도로 변하고 있었다. 브루클린과 맨해튼 사이의 다리는 우리 사이의 새로운 거리를 상징하는 것 같았다. 오랜만에 만난 우리는 공통점이 적어졌고, 말할 것도 별로 없어졌다. 인정하고 싶지는 않았지만 더 이상 록산느를 좋아하는지도 확신할 수 없었다.

그녀는 재미있고 따뜻했지만, 어둠을 품고 있었다. 나라면 절대 어울리고 싶지 않은 남자들과 어울렸다. 밤을 꼬박 새우고 돌아와서 낮에 잠을 잤다. 바닥에는 보드카 병이 굴러다녔고, 테이블 위에는 연체 고지서 따위가 어지럽게 널려 있었다. 나는 록산느의 침대에서 일어나 숙취와 우울에 시달리곤 했다. 나 지금 여기서 뭐하는 거지? 여긴 왜 이렇게 더러워? 소파에 있는 저 남자는 도대체 누구야? 다시 이불을 뒤집어썼지만 일요일을 이렇게 보낼 수는 없었다. 주말을 낭비하는 짓은 그만둬야 했다.

"아, 로렌. 별 거 아냐. 그냥 숙취야!"

정신 차리라고 말하며 그녀를 깨우자 록산느가 내게 했던 말이다. 그녀는 나더러 겁에 질려 있다고 했다.

별 거 아니야, 그냥 숙취일 뿐이야. 유니언 스퀘어 지하철역으로 내려가는 계단에서 그녀의 목소리가 어른거렸다. 간단하면서도 효과적인 주문이었다. 불안에 휩싸여서 일어날 때마다 나는 그 말을 되뇌었다. 일요병에 대해서도, 록산느의 기술을 적용해보기로 했다. "좀 진정해. 문제없어, 그냥 일요일일 뿐이야."라고 스스로에게 말했다. 그러나 별다른 효과가 없었다. 불안은 여전했다. 〈리얼 월드: 칸쿤〉의 재방송을 보면서 남은 주말을 보내기로 하고 체념했다.

그로부터 몇 주 후, 나는 상담사에게 내가 출장을 앞두고 얼마나 긴장하고 있는지에 대해 불안감을 늘어놓았다.

"긴장되나요? 아니면 신이 나나요?"

"긴장돼요." 내가 대답했다.

"그럼 한번 신이 난다고 말해보면 어때요? 자신의 뇌를 속여서 뱃속에서 퍼덕이는 나비들이 좋은 나비라고 생각해보는 거예요."

"좋아요. 나는 긴장되지 않아요. 신이 나요."

그러자 놀랍게도 기분이 나아졌다. 출장이 끔찍하게 느껴지지 않았다. 상담사는 언어가 감정을 촉발시킬 수 있다는 개념에 근거한 인지적 속임수라고 설명했다. 노래나 냄새처럼, 단어도 연상 작용을 일으킨다는 것이다. 일요일을 '무섭다'고 표현하면 일요일이 불안해질 수밖에 없었다. 느끼는 방식을 바꾸기 위해 나는 묘사하는 언어부터 바꾸기로 했다.

많은 사람들은 불안함을 평온함으로 대체하려 한다. 그러나 평온함은 자극되는 감정이 아니기에 효과가 없다. 반면 흥분은 불안과 마찬가지로 감정을 자극한다. 심박수와 코르티솔을 증가시켜 몸과 마음을 대비시킨다. 불안함이 만들어 내는 부정적인 감정과 달리, 흥분은 긍정적인 감정을 만들어 낸다.

하버드 경영대학원의 앨리슨 우드 브룩스 교수에 따르면, 부정적인 상태에서 긍정적인 흥분 상태로 가는 것보다 부정적인 흥분 상태에서 차분한 상태로 가는 데에 훨씬 더 많은 노력이 필요하다고 한다. 이 개념을 검증하기 위해 브룩스는 일련의 실험을 했다. 사람들 앞에서 저니의 〈Don't Stop Believin'〉을 불러달라고 참여자들에게 부탁했다. 참여자들은 세 그룹으로 나뉘어서, 노래를 시작하기 전에 신이 난다고 말하거나 불안하다고 말하거나 아예 아무 말도 하지 말라는 요청을 받았다. 음량과 음높이를 전산으로 측정한 결과 신이 난다고 말한 그룹이 노래를 잘 부르는 것으로 나타났다. 2분짜리 연설을 해 달라는 요청에도 같은 결과가 나왔다. 신난다고 말한 집단은 다른 집단에 비해 더 길게 말했고, 설득력이 있고, 자신감이 있어보였다.

마케팅 분야를 연구하는 줄리아노 라란과 크리스 자니제브스키 역시 자아고갈의 영역에서 비슷한 결론을 도출해냈다. 그들은 업무를 인식하는 방식과 고갈된 정도를 느끼는 것 사이에 상관관계가 있음을 발견했다. 우리가 어떤 일을 재미있다고 생각하면 우리는 더 많은 시간을 할애할 뿐만 아니라 에너지를 덜 소모한다고 느낀다는 것이다.

☺ "진정해" 대신 "신이 난다"라고 말하라.
☺ "하고 싶지 않아" 대신 "해야 한다"라고 말하라.
☺ "겁이 난다" 대신 "설렌다"라고 말하라.

선택지를 줄이는 것 외에, 피할 수 없는 선택에 대한 사고방식을 바꾸는 것도 하나의 방법이었다. 해야 할 일을 두려워하지 말고, 해야 한다는 사실에 집중했다. 왜냐하면 내가 해야 하는 일들을 부정적으로 생각하는 순간, 그것들이 진짜 부정적인 것으로 바뀌었기 때문이다. 월요일이 무섭다고 생각하면 영원히 무서운 기분이 들 뿐이다.

삶의 방식은 사물을 어떻게 생각하느냐에 따라 결정된다. 우리는 마음을 이용할 수 있다. 심박수 증가, 땀에 젖은 손, 아드레날린 분출에 대해 신나고 재밌는 일이라고 생각해버릴 수 있다. 자신만의 의식과 요령으로 스스로를 고갈 상태에서 벗어나게 할 수 있다. 일의 반대는 놀이이다. 만약 우리가 삶에 놀이를 더하고 여러 장애물을 심각하게 받아들이지 않는다면, 우리는 차분함의 초석을 마련할 수 있을 것이다.

기분 넷

. . . .

친구들은 당신을
미워하지 않는다

나는 전율한다.
한 사람을 완전히 잘못 생각하기란 얼마나 쉬운 일인가.
아주 작은 부분을 보고 전체를 오해하기란 얼마나 쉬운 일인가.

_ 로렌 올리버 Lauren Oliver

몇 주 동안이나 기다린 끝에 토요일 아침이 왔다. 그러나 서두르지는 않았다. 추리닝 차림인데다 머리도 감지 않았기에 소포를 바로 가져올 엄두가 안 났기 때문이다. 한 시간 후에야 느긋한 발걸음으로 홀에 내려가 건물 경비실에서 소포를 건네받았다. 크고 묵직한 소포를 보니 블라인드 데이트를 앞둔 것처럼 떨렸다. 커다란 회색 대리석 식탁 위에 소포를 올려놓고, 테이프를 자를 가위를 찾았다. 상자 안에는 짙은 남색 빛의 고급스런 상자가 들어 있었다. 우아하게 상자를 감싼 흰 리본을 풀고, 뚜껑을 열어 가방을 꺼냈다. 웬 봉투가 붙어 있었다. 크리스마스트리 아래 산타의 선물이라도 되는 듯 천천히 봉투를 뜯었다. 분홍색 필기체로 쓰인 조그마한 안내장이었다.

주문 제작하신 예쁜 웨딩드레스입니다.

사용 지침은 다음과 같습니다.

1. 착용하시기 전에 화장은 지우셔야 합니다.

2. 등에 있는 단추를 채워 줄 친구가 꼭 필요합니다.

뚫어져라 안내장을 응시했다. 그러고는 옷 가방을 들고 옷장으로 걸어가, 맨 끝 얼룩진 스웨터 옆에다 그걸 걸어 놓았다. 일단 눈앞에서 치워 버리고 싶었다.

단추를 채워 줄 친구가 필요하다니, 예상치도 못했다. 이런 기분을 감당하지 않고 결혼식을 올릴 방법이 없다는 걸 알았어야 했다. 문제는 안내장이 아니었다. 계기를 제공한 건 안내장이었지만 그 기분은 몇 년 동안이나 수면 아래서 부글부글 끓고 있던 것이었다. 아마 중학교 때부터 그랬을 거야. 아니 고등학교 때부터인가. 록산느 이후라는 건 확실하지. 8년 만에 우리 관계는 유치한 두 개의 문자 메시지로 끝났다.

'다신 말 걸지 마.'

'걱정하지 마. 죽어도 안 할 거니까.'

생각할수록 속이 메스꺼웠다. 그 이후 둘 중 누구 하나 새로운 메시지를 보내지 않았다.

맨해튼에서 록산느와 함께 살던 시절, 나는 얼마나 혼자 살길 원했던가. 불 꺼진 거실에서 와인 한 잔을 마시고, 소파에서 TV를 보면서 빈둥거리고 싶었다. 하지만 현실은 창문 없는 방에서 문을 닫고 록산느를 기다리는 것이 전부였다. 질식할 것 같은 어둠 속에 멍하니 노트북 화면을 바라보곤 했다. 그 애는 잔뜩 취해서 열쇠를 이리저리 돌려댔고 갈라진 마룻바닥은 삐걱삐걱 소리를 냈다. 내가 모르는 남자나 직장 동료를 데리고 들어온 적도 많았다. 그럴 때면 항상 벌거벗은 기분이 들었다.

이젠 결혼할 남자친구도 있고 집도 구했지만 나는 더 많은 것을 원했다. 여성스러움을 뽐내기 위해 모임이나 사교행사에 나가기 시작한 것이다. 그러나 외출을 할 때마다 거북함이 느껴졌다. 찜찜한 마음으로 집에 돌아와 사람들이 했던 말을 해석하느라 시간을 낭비했다. 사람들을 만나면 만날수록, 모임에 신경을 쓰면 쓸수록 점점 혼자가 되어가는 듯했다.

이럴 줄은 몰랐다. 결혼을 한다고 하면 많은 친구들이 찾아와 축하해줄 거라 생각했다. 하지만 내 결혼식은 돌이킬 수 없는 실패의 상징인 것 같았다. 나란 인간이 사랑스럽지 못하다는 걸 인정받은 것처럼.

젊은 날의 자신감은 사라지고 없었다. 실연당한 여자처럼 피해망상에 사로잡혀 있을 따름이었다. 록산느와 절교한 뒤, 함께 알고 지내던 친구들하고도 연락을 끊었다. 록산느와 오래 알고 지내던 사이니까 당연히 그 애 편일 거라고 생각했기 때문이다. 고등학교

동창들, 여행지나 직장에서 만난 친구들도 멀게만 느껴졌다. 아무리 세게 잡아당겨도 꽉 묶이지 않는 밧줄처럼, 난 친구들과 단단한 유대관계를 만들어낼 수 없었다.

나이가 들수록 사회성이 좋아질 줄 알았는데 그 반대였다. 짜증과 환멸을 느꼈고, 급격한 외로움을 느꼈다. TV를 보면서, 회사에 출근하면서, 길모퉁이 카페에서 커피를 마시고 있는 또래 여자들을 보면서 자꾸만 조롱받는 듯한 기분이 들었다. 심지어 부끄러웠다. 서른이 다 되어 가는데 친구를 찾아 이리저리 떠도는 꼴이라니! 다른 여자들은 대부나 대모, 신부 들러리를 해줄 사람들과 돈독한 관계를 유지하고 있었지만 나는 그러지 못했다. 록산느하고만 친하게 지내다 보니 시기를 놓친 것이다.

때맞춰 제이가 출장 중이라는 사실이 다행스러웠다. 널브러질 공간이 있어 다행이었다. 마음껏 슬픔을 누리고 싶었다. 생각에 잠기고, 감정에 젖어들고 싶었다. 그날 밤 나는 록산느의 인스타그램을 스토킹했고 드라마 〈그레이스 앤 프랭키〉를 정주행했다. 예전 동료에게서 문자 메시지가 날아왔지만 무시했다. 누군가와 술을 마실 기분이 아니었다. 혼자 있고 싶었다.

우리의 믿음은 현실이 된다

내 기분이 이렇게 된 건 록산느 때문이라고 생각했다. 모든 것이 원망스러웠다. 내가 뉴욕에서 일하지만 않았어도 이런 일은 없었을 텐데. 난 고독을 좋아해, 중얼거려봤다. 친구들하고 어울릴 시간이 없었잖아. 하지만 감정은 그와 반대였다. 옛 친구들의 인스타그램 게시물이 마음속 깊숙한 곳을 후비는 듯했다. 받지 못한 초대장 하나하나가 인신공격처럼 느껴졌다.

하지만 언제까지나 그럴 순 없었다. 결혼식은 내가 나만의 세계에서 나와야 하는 순간이었다. 수년간 피해 다닌 그 고약한 기분이 고강도의 훈련을 받아야 할 때였다. 한 걸음 한 걸음, 모든 준비 단계가 고비였다. 부케에 사용할 꽃을 준비하면서, 어떻게 꽃을 받아줄 친구 하나 없나 싶었다. 웨딩 슈즈를 알아보면서, 날 위해 신발끈을 묶어줄 사람은 없는 건가 싶었다. 헤어스타일을 정하려고 핀터레스트(이미지 파일을 스크랩하고 관리하는 소셜 네트워크 서비스: 옮긴이 주)를 뒤적거렸지만, 의견을 물어볼 만한 사람은 아무도 없었다.

드레스가 도착하고 얼마 후 가족은 나를 위해 깜짝 축하 파티를 열어주었다. 엄마는 내가 파티를 달가워하지 않을 걸 알고 소수의 인원만 비공식적으로 초대했다. 다들 선물로 책을 가져왔다. 사람들이 돌아간 후에 나는 친구가 얼마 없다며 대성통곡했다.

다음날 아침, 식탁 위의 책 더미를 뒤적거리다 책을 한 권 발견했다. 진분홍색 표지에 하얀 글씨로 《여성의 새로운 심리를 향하여》라고 적혀있었다. 〈여성들의 말〉에 올릴만한 내용이다 싶어 그 책을 읽어보았다. 앞부분은 별로였지만 책을 다 읽고 나니 지난 몇 주 동안 겪었던 고통의 실마리를 얻을 수 있었다.

여성의 관계에 대해 획기적인 관점을 제공한 정신분석학자 진베이커 밀러는 여성의 자아 감각은 관계를 만들고 유지하는 능력을 중심으로 전개된다고 주장했다. 대부분의 여성에게 관계의 종말, 단절에 대한 위협은 가벼운 사건이 아니었다. 자신을 완전히 잃어버리는 사고에 가까웠다.

바로 내 기분이 그랬다. 혼란스럽고 불만족스러운 느낌. 완전히 소외되어 다시는 더불어 살 수 없을 것 같았다. 여성의 정체성이 우정에 의해 만들어진다는 사실을 알기 위해 굳이 그 책이 필요하진 않았다. 다만 그런 우정이 없다고 느끼면 무슨 일이 일어나는지를, 책은 내게 알려주었다.

영원히 함께하리라 생각했던 친구가 그저 스쳐 지나간 인연이 되어버린다면 어떤가? 평생 친구로 지내기로 했던 고등학교 친구들이 변해버려서, 아무리 자주 만나도 서로의 차이점을 견딜 수 없게 된다면? 예전에 친하게 지냈던 동료의 인스타그램을 훔쳐보면서, 우리가 정말 친한 사이였는지 의심하게 될 줄 누가 알았을까?

밀러는 이러한 우정의 변화와 상실이 연인과 헤어졌을 때나 화상을 입었을 때와 같은 방식으로 우리에게 상처를 입힌다고 주장했다. 사회적 거부가 육체적인 고통을 주는 것이다. 예로부터 안전을 위해서 인간관계에 의존했던 인간의 생활방식 탓이다.

이렇게 되면 마음속에 응어리만 생긴다. 배신과 무시, 거부감에 몇 년간 시달리면 사람은 주변 상황에 대해 왜곡된 인식을 갖게 된다. 친구들이 나를 빼고 놀러 가면 우리는 그 상황을 거부당한 걸로 받아들인다. 나와 더 이상 친구이고 싶지 않은 것으로 착각한다. 그리고는 이러한 오해를 진실이라고 여긴다. 그 결과 우리는 그들이 우릴 차단하기 전에 앞질러서 그들을 차단한다. 연락을 끊어버린다. 스스로를 고립시키면서, 그토록 두려워했던 상황을 만들어낸다.

록산느와 절교한 이후로 이런 증상은 더욱 심해졌다. 다른 친구들이 날 거부하고 있다고 멋대로 추측했다. 그녀에게서 받은 상처를 다른 친구들에게 투영하고 있었다. 친구가 답장을 보내지 않을까 두려워 먼저 문자를 보내지 못했다. 친구가 사진에 '좋아요'를 누르지 않을까봐 나도 그들 사진에 '좋아요'를 누르지 않았다. 결국 나는 그 애들이 대답하지 않을 것이 두려워 결혼식까지 초대를 하지 않았다. 나의 행동은 지레짐작을 현실로 탈바꿈시켜버렸다.

심리학에서는 이러한 현상을 수용적 예언이라고 부른다. 사람들에게 인정받을 거라 생각하면 부드럽게 행동하고, 거절당할 거라 예상하면 냉정하게 행동함으로써 스스로를 지킨다. 우리의 믿음은 행동이 되고, 이러한 행동은 현실을 만든다. 웨딩드레스 안내장 문구에 대해 내가 민감하게 반응한 것처럼, 부정적인 자기 가치관은 부정적인 예측으로 이어진다. 그간 느낀 불안과 수치심과 두려움은 스스로를 믿지 못하는 데서 비롯했다. 주위의 모든 것에 자기불신이 투영되었다. 모든 것이 공격적으로 느껴졌다. 사실은 내 자신이 부정적이기에 모든 것이 부정적으로 보일 뿐인데.

이 일은 나를 각성하게 만들었다. 쓸쓸한 결혼식을 바라지 않는다고 생각하면서 나도 모르게 결혼식을 쓸쓸하게 만들려고 했다.

정신을 바짝 차려야 했다. 습관적인 억측을 그만둘 수 있다면, 고립된 기분에서도 벗어날 수 있을 듯했다. 나 자신에 대한 관점과 사물을 보는 방식을 뜯어고치기로 마음먹었다. 그러자 내 인생은 전혀 예상하지 못한 방향으로 흘러가기 시작했다.

나만의 흐름을 찾아라

> 가장 중요한 인간관계는 바로 나 자신과의 관계다.
>
> _ 다이앤 본 퍼스텐버그 Diane von Furstenberg, 패션 디자이너

밀러는 감정적인 고통이 언제나 관계의 단절에서 비롯된다고 말했다. 타인으로부터든 자신으로부터든 아니면 더 거대한 공동체로부터든. 나는 이 세 가지 모두와 단절되어 있는 것만 같았다. 나 자신과의 관계부터 회복하는 게 가장 괜찮은 방법으로 보였다. 나는 늘 스스로를 편하게 생각하지 못해서 타인과의 관계를 망치고 있었으니까. 나는 먼저 내가 다른 사람들에게 어떤 친구인가를 알아내야 했다. 내가 어떤 친구를 바라는가는 중요한 문제가 아니었다.

이만하면 좋은 친구 아닌가? 성격도 유쾌하고, 시간 약속도 잘 지키고, 함부로 약속을 취소하지도 않고. 그러나 한편으론 짜증을 잘 부렸으며 쓸데없이 비판적이었다. 가끔은 남의 흉도 봤다. 아니, 자주 봤다. 왜 그랬는지는 잘 모르겠지만.

웨스트 빌리지에서 친구들을 만났을 때도 그랬다. 우리는 함께

와인을 나눠 마시며 옆자리 사람들과 이야기를 나누었는데, 마침 그들 중 하나가 내가 재미있게 읽은 책을 쓴 작가의 지인이라는 사실을 알게 되었다. 그런데 그가 내게 그 책에 대한 감상을 물었을 때 그만 뜻밖의 대답이 나와 버렸다.

"그렇게까지 대단하지는 않았어."

"그래? 난 그 책 정말 좋다고 생각했는데."

그가 말했다.

"작가 본인이나 좋아했겠지."

순간 후회가 밀려들었다. 그러고 나서 몇 주 동안 나는 작가 귀에 그 말이 흘러들어가지는 않을까 전전긍긍하며 하루를 보냈다.

"나 같으면 그런 일로 걱정하지 않을 거야. 그런데 왜 그랬어?"

제이가 물었다.

자신이 없기 때문이었다. 스스로를 좋은 작가라고 생각하지 않았기에 그릇된 두려움을 다른 사람들에게 투영했다. 그 작가와 친구가 될 가능성은 물 건너갔다. 우정이 시작되기도 전에 일을 망쳐 버렸다. 이 따위 인간이 되고 싶지는 않았건만.

심리치료 전문가 루이스 헤이는 자신을 더 사랑할수록 세상에 고통을 덜 투영하게 된다고 말했다. 나는 정확히 그와 반대되는 행동을 하고 있었다. 자존감이 없다 보니 마음이 항상 불편했고, 사람들과 어울리기가 쉽지 않았다. 고등학교나 대학에 다닐 때와 달리 사회생활이 재미가 없었다. 모임 때마다 즐기려고 안간힘을 썼지만 진짜 재미는 우주 반대편에 있는 것 같았다. 사람들과 편안한 대화를 나누려면 알코올의 힘을 빌려야 했다.

누군가와 함께 있는 것이 즐겁지 않았다. 다른 사람들도 나와 함께 있는 것을 즐거워하지 않았다. 궁지에 몰려 있었다. 소외감을 견디지 못해 부정적인 에너지를 투영했고, 그 에너지는 다시 나에게 돌아와 더 깊은 소외감을 안겨주었다. 주는 대로 받는다는 말이 진리임을 깨달았다.

내가 느끼는 기분은 두 가지였다. 세상이 나와 함께하는 기분, 그리고 그 반대의 기분. 뉴욕이 바쁘게 돌아갈 때, 사람들은 나의 새로운 친구가 되어주었다. 전 세계에서 모여든 800만 명의 사람들이 이 도시에서 자신만의 이야기를 만들어내고 있었다. 때때로 뉴욕은 적대적인 도시로 돌변했다. 아파트 경비원은 이상한 표정을 짓고 낯선 사람들은 유독 무례하게 구는 날. 도시가 냉소적으로 바뀌어버린 것도, 사람들이 이중인격을 가져서 그런 것도 아니었다. 뉴욕은 내가 투영한 모습 그대로를 보여줄 뿐이었다.

수년간 사람의 감정과 행동을 연구한 행동 전문가 바네사 반 에드워즈는 인간이 감정에 쉽게 전염된다는 것을 발견했다. 우리가 사람들에게서 느끼는 감정은 우리가 그 사람을 좋아하거나 싫어하게 만든다. 그리고 그 사람들의 반응은 우리가 주변에서 느끼는 에너지를 만들어낸다. 에드워즈는 이렇게 말했다.

"우리는 첫 만남의 몇 초 안에 누구를 좋아할지, 누구를 신뢰할지, 그리고 누구와 관계를 맺을지를 결정한다."

내 기분이 좋지 않아서 제이의 기분도 그렇게 되는 것이었다. 에

드워즈는 미소나 찡그림 같은 미세한 표정 변화가 다른 사람들에게 같은 감정을 유발한다고 말했다. 심지어 감정을 숨기는 때조차 얼굴 표정이 숨겨둔 감정을 드러냈다. 그것이 전화 통화를 할 때 엄마의 말투가 나를 초조하게 만든 이유였다. 상사의 얼굴이 변하는 것을 보고 편집증에 시달렸던 것도, 집에 와서 기분 좋은 척하려고 했지만 제이가 항상 알아차렸던 것도 모두 같은 이유에서였다.

항상 행복해지는 건 불가능하다. 아무도 그것을 목표로 할 수 없다. 대신, 우리는 자기 자신을 사랑하는 것을 목표로 삼아야 한다. 왜냐하면 자기애는 행복과 마찬가지로 좋은 에너지를 끌어들이고 발산하기 때문이다. 진부하게 들리겠지만, 자기애는 자기 판단을 감소시키고 부정적인 자기 분석을 덜 하게 만든다. 불교 용어로는 이것을 마이트리maitri라고 부른다. 네 가지 불교 덕목 중 하나인 이 말은 원래 "우정"이나 "친근함"이란 뜻을 가지고 있다. 만약 마이트리를 발전시킬 수 있다면, 우리는 자기를 수용할 수 있게 되고 평정심으로 세상과 소통할 수 있게 된다. 승려 페마 초드론은 우리에게 이런 가르침을 남겼다.

"우리가 다른 사람에게 마음을 열지 않는 유일한 이유는 우리 스스로 충분히 온전하지 않다고 느끼기 때문이다. 우리가 분명한 자존감을 가지고 있어야 다른 사람을 자신감 있게 대하게 된다. 당신이 다른 사람의 눈을 들여다보면서 두려움을 느낀다면, 그건 당신이 스스로를 동정과 연민의 시선으로 바라보고 있다는 뜻이다."

우리는 대부분 반사적인 생각 때문에 자기애를 갖는 데 어려움을 겪는다. 반사적인 생각이란 부정적인 사건 후에 일어나는 즉각적인 사고인데, 이는 대개 왜곡되는 경우가 많다. 또한 매우 신속하게 일어나기 때문에 질문할 겨를도 없이 지나가버린다. 하지만 우리의 기분을 좌우하는 것은 바로 이러한 생각들이다. 만약 우리가 왜곡된 생각을 바로잡을 수 있게 된다면 우리 주변의 세상을 보는 방식이 달라질 뿐 아니라 우리의 행동 양식도 바꿀 수 있다.

왜곡된 생각을 만드는 5가지 경로

가정하기: 사소한 증거로 이상한 결론을 얻는다.
사장님이 기분이 안 좋아 보이네. 내가 뭘 잘못했나?

해야 한다고 생각하기: 남과의 차이점을 느끼면 따라가려고 한다.
친구가 웃겼으니까 나도 웃겨야지.

지나친 일반화: 한 번의 사건으로 지나치게 포괄적인 해석을 한다.
그녀와 친구가 될 수 없으니, 누구하고도 친구할 수 없겠지.

개인화: 자신과 전혀 상관없는 것들을 자신에 관한 것으로 끌어온다.
내 딸이 대학을 중퇴했으니, 부모로서 내가 어떤지 증명된 셈이지.

> **감정의 사실화: 자신의 감정에 언제나 사실이 반영되었다고 여긴다.**
>
> 마음이 조마조마한데, 틀림없이 이유가 있을 거야. 뭔가 잘못됐어.

왜곡된 생각들을 바로잡는 첫걸음은 생각을 의식하는 것이었다. 만약 생각이 위의 패턴들 중 하나를 따라가고 있음을 깨달으면, 곧장 바로잡도록 훈련했다. 물론 수년간 자기 자신을 헐뜯던 사람이 하루아침에 자신을 사랑하게 될 수는 없다. 하지만 왜곡된 생각을 바로잡을 때마다 성장하는 것을 느꼈다. 궁극적인 변화도 일어났다. 스스로에게 결코 주지 않았던 진정한 사랑을 주게 된 것이다. 예전의 나는 습관을 들여서 철저하게 자기애를 실천해야 한다는 사실을 깨닫지 못했었다. 어느 요가 강사로부터 얻은 교훈이었다.

그는 에퀴녹스(뉴욕 맨해튼에 여러 지점을 둔 고급 피트니스 센터: 옮긴이 주)의 빈야사 요가 강사였다. 우리는 약 15분 동안 네 손발로 몸을 지탱하는 개 모양의 '다운독' 동작을 하는 중이었다. 팔이 부들부들 떨리기 시작했다. 강사의 목소리가 들려왔다. 나는 '아기' 동작으로 돌아간 사람이 있는지 방안을 둘러보았다. "고통을 견디면서, 당신의 최적점을 찾으세요."라고 강사는 부드럽게 말했다. 좀 더 편안한 동작으로 넘어간 다음에 그는 이전 수업에서 만난 수강생 이야기를 들려주었다. 강사는 그녀가 좌절감 탓에 수업에 몰입하지 못하고 있음을 알아챘다. 무슨 일 있느냐고 물어보니 회사에서 한 주를 힘들게 보내고 휴식을 취할 겸 요가를 하러 온 건데 동작을 제대로 못해서 스트레스가 심해졌다고 답했다. 그러나 강사는 그게 아니라고 했다. 사람들이 요가를 힘들어 하는 이유는 초보자이거나 유연성이 없어서가 아니라 스스로에게 말하는 방식 때문이라는 거였다.

강사는 스스로에게 다른 방식으로 말하는 방법을 연습하라고 했다. 손이 발끝에 닿지 않거나 같은 자세를 유지할 수 없을 때 스스로를 훈계하는 대신, 사랑과 연민이 담긴 최적점을 찾으라고 했다. 그는 최적점을 "당신이 처한 상황을 알고, 당신에게 저항하는 것이 무엇인지를 인정하면서 고통을 더 참아달라고 스스로에게 부탁하는 지점"이라고 설명했다. 그래서 나는 팔다리가 떨릴 때 흥분하거나 화를 내는 대신, 몸이 하는 일의 아름다움을 인정하고 감사한 마음으로 조금만 더 버텨 달라고 부탁했다. 그러자 내가 가진 여분의 힘을 발견할 수 있었다. 스스로를 격려하자 상황은 훨씬 더 나아졌다.

최적점은 자신을 비난하고 싶을 때 자신에게 굴복하는 순간을 의미할 수도 있다. 고객과의 전화 상담을 앞두고 긴장했던 그때처럼 말이다. 그런 종류의 전화는 언제나 싫었다. 재미있게 말해야 할까? 아니면 진지하게? 그러다가 나는 최적점을 떠올리며 모든 것을 자연스럽게 받아들이기로 결심했다. 의견을 진솔하게 전했다. 내가 무슨 말을 하고 있는지 판단하지도 않았다. 그러자 불안감은 사라졌다. 상담 이후 상사가 내게 문자를 보냈다.

'아주 잘하던데!'

그러고 나서 상사는 생전 하지도 않던 잡담을 늘어놓았다. 내 결혼식이며 연애사에 대해 물었다. 그 날 하루를 마무리하며 깨달았다. 내가 온전히 나 자신일 때는, 이미 내가 나를 승인했으므로 또다른 승인을 받을 필요가 없다는 것을 말이다.

거절은 거부가 아니다

> 우리는 다른 사람들이 전혀 신경 쓰지 않는 것을
> 지나치게 신경 쓰면서 두려워한다.
>
> _ 엘리너 루스벨트 Eleanor Roosevelt, 사회운동가

드레스를 받고 나서, 더 많은 노력을 하겠다고 다짐했다. 친한 친구를 새로 만들 수는 없었지만, 예전의 관계를 회복시킬 수는 있었다. 그런 친구 중 하나가 바로 루시였다. 고등학교 졸업 후 소원해지긴 했지만 둘 다 뉴욕에 살았기에 가끔 만나는 사이였다. 그녀의 생일파티에 참석하기 위해 30달러나 되는 우버 택시 요금을 내고 크라운 하이츠에 갔었고, 타임스퀘어에 함께 공연을 보러 갔으며, 비 오는 퇴근길에 우연히 만나 칵테일 바에서 시간을 보낸 적도 두 번이나 있었다. 5개월 전 그녀가 네바다 주로 이사를 갔을 때는 전화 통화도 했었다.

루시는 내 결혼식에 참석하겠다고 했다. 루시의 사촌도 그 주에 뉴욕에서 결혼을 하니까 마침 잘 됐다는 것이었다. 사촌이 결혼하

지 않더라도 내 결혼식에 올 것인지는 묻지 않았다. 루시는 뉴욕에 있는 또 다른 고등학교 친구인 테다 이야기를 꺼냈다. 그 둘은 친한 사이였다.

"테다는 요즘 어떻게 지내?"

"엄청 잘 지내지. 얼마 전에 승진했대."

"와, 끝내주는데! 테다한테 축하한다고 말해줘야겠다."

하지만 좀 어색했다. 루시가 떠나자 테다와의 관계도 흐지부지 되고 말았으니까. 석 달 전쯤, 테다가 언제 한 번 술 마시자고 한 게 마지막 연락이었던가. 보고는 싶었지만 약속을 잡으려 하진 않았다. 테다는 항상 다른 친구들에게 둘러싸여 있어 늘 바빠 보였기 때문이다. 미국의 저널리스트인 미뇽 맥러플린은 테다 같은 사람들을 이렇게 묘사했다.

"때때로 당신은 눈부시게 매력적인 사람이 당신을 사랑한다는 것을 알게 되어 몹시 기쁨을 느낀다. 그러나 그들은 대부분의 사람들을 좋아한다. 바로 그것이 그들이 눈부시게 매력적인 이유다."

테다에게는 만나자는 연락을 하기가 쉽지 않았다. 그런데 루시와 통화한 지 며칠도 지나지 않아서, 그 둘이 우리 집 근처에서 아페롤 스프리츠를 마시고 있는 사진을 인스타그램에 올렸다. 우연히 사진을 본 나는 머리를 한 대 세게 얻어맞은 것 같았다.

왜 루시는 뉴욕에 온다는 말을 하지 않았을까? 왜 난 안 불렀지? 루시와 테다를 결혼식에 초대까지 했는데 나랑 한 잔 할 만큼 친하지도 않다는 건가? 아픔이 파도처럼 나를 때리고 지나갔다. 제이는 거실 소파에 앉아 비디오 게임을 하고 있었다.

"테다와 루시가 어젯밤 같이 있었어."

나는 회사의 높으신 분에게 업무를 보고하듯 딱딱하게 말했다. 제이는 게임에 정신이 팔려 화면에서 눈을 떼지 못했다.

"그래? 너도 불렀어?"

"아니."

더 이상 말할 기분이 아니었기에 무심한 척 침실로 와버렸다. 눈물이 나왔다. 친구들에게서 같이 점심 먹자는 말을 듣지 못해서 울고 있는 중학생 같았다. 이런 모습을 제이에게도, 나에게도 들키고 싶지 않았다. 침실 문을 닫았다. 제이는 내 속에서 뿜어져 나오는 고뇌의 소용돌이를 눈치 채지 못했다. 점점 분노가 차올랐다.

첫째, 불신.

아마 브루클린이 아니었을 거야. 어쩌면 네바다에 있는 이상한 마을일지도 모르지. 루시가 아니었을지도 몰라. 아니면 예전 사진을 방금 다시 올린 걸 거야.

그런 다음엔 자기 연민.

그래, 걔네가 나를 좋아하지 않는 건 사실이야. 루시가 뉴욕에 와서 하룻밤을 보내고 있는데도 날 불러내지 않았잖아. 내가 역겹고 짜증나서, 나한테 친구가 없을 거라고 생각했을 거야. 그러니까 나 없이 만날 계획을 세웠겠지.

그리고 분노.

대체 왜 저러는 거야? 난 몇 달 동안이나 루시랑 친해지려고 노력했어. 지난주에는 업무 차 놀러오겠다고도 했고. 그런데 지금 브루클린에서 테다랑 놀고 있다고? 왜 날 안 부른 거지? 내가 무슨 실수라도 했나? 감정이 격앙되고 있었다.

"문자를 보내야겠어."

나는 다시 거실로 나가면서, 여전히 게임에 정신이 팔려 있는 제이에게 말했다.

"그렇게 해서 기분이 좋아질 거면 그러든지."

그가 말했다.

"그럴 거야!"

나는 다시 침실로 걸어 들어가 문을 쾅 닫으며 소리쳤다.

'안녕! 테다, 이상하게 들리거나 놀라게 하고 싶진 않지만 내가 뭔가 잘못한 게 있나 해서 말이야. 지난 몇 주 동안 너와 어울리려고 노력한 것 같은데, 네가 루시랑 둘이서만 어울린 걸 보니 마음이 아팠어.'

엄지손가락은 전송 버튼 위를 맴돌았다. 그러다가 이게 현실의 반영인지, 본능적인 반응인지, 왜곡된 생각인지를 분별하려고 휴대폰을 내려놓았다. 그리고 다시 휴대폰을 들어 테다가 그 메시지를 받으면 어떤 기분일지 그려 보려고 했다. 나는 우리가 나눈 대화 내용을 샅샅이 뒤져 보며 테다의 시점으로 상황을 바라보았다. 그녀는 3개월의 침묵을 깨고 내게 연락을 했다. 심지어 주중에는 여행하느라 바쁘지만 주말에는 시간이 많다고 내게 알려주기까지 했다. 반면, 나는 3개월 동안 문자 한 통 보내지 않은 사람이었다.

왜 모든 걸 테다에게 의존하려 했을까? 그냥 내가 먼저 연락할 수도 있었을 텐데.

결국 나는 문자를 보내지 않았다. 테다를 당황스럽게 만들 것 같아서였다. 내 생각은 현실을 반영한 것이 아니었다. 그것은 왜곡된 생각일 뿐이었다.

문득 제이에게 우리가 키우는 강아지가 슬퍼 보인다고 말했을 때가 생각났다.

"슬퍼 보이지 않는데? 그냥 쉬고 있는 거야."

제이가 말했다.

"아니야, 분명히 슬퍼하고 있어."

"슬퍼할 일이 뭐가 있겠어? 쟤는 그냥 저기 누워서 휴식을 취하고 있는 거라고."

제이와 나는 같은 것을 보고 있었지만, 나는 부정적으로 보고 있었다. 우울증을 앓고 있는 사람들에 대한 실험에서, 그들이 무표정한 사람들의 얼굴을 슬프거나 속상해하는 표정으로 본다는 사실을 알 수 있었다. 나는 우울하지는 않았지만, 사물을 그런 식으로 보고 있었다. 사람들이 별다른 의미를 두지 않고 한 행동에도 사악한 저의가 깔려 있을 거라 생각했다. 누군가가 행복하지 않다면, 그건 슬퍼하는 것이다. 메시지를 보내지 않으면, 화가 난 것이다. 날 초대하지 않으면, 날 배제하는 것이다. 영국의 탐험가 프레야 스타크의 말이 떠올랐다.

"사람들은 애정이 항상 일정한 자리에 있다고 생각하는 듯하다. 그러나 애정은 움직이는 바다와 같다. 들고 나는 흐름을 고려하지 못하는 것이 우정을 깨뜨리는 이유라고 나는 믿는다."

결국 기대의 문제였다. 나는 사람들에게 기대를 품었다. 내가 베푼 만큼 친구들도 똑같이 보답해 주기를 원했다. 보답이 없으면 배신감을 느꼈다. 바로 바로 대답이 돌아오지 않을 때는 상대방이 안좋은 의도를 가지고 있다고 생각해버렸다. 감히 다른 사람들에게 먼저 연락을 하지 못했다. 그러나 이번에는 물러서지 않고 상황에 맞설 작정이었다.

테다에게 그 문자를 보내는 대신, 다음 주에 시간이 되는지를 물었다. 그녀는 다정하게 답변을 보냈고, 우리는 만날 날짜를 잡았다. 루시를 초대할지 말지에 대한 언급은 없었다. 둘만의 약속이었으니까. 계획을 세울 때 다른 사람들을 일일이 다 고려할 수 없음을 깨닫자, 그간 초대장을 받지 못한 것을 거부라고 생각하지 않게 되었다.

그 후로 더 많은 것을 깨달았다. 몇 주 후 우리가 저녁을 먹으러 만났을 때, 한 번 더 대담해지기로 마음먹었다. 테다에게 그녀가 몇 주 전에 루시와 함께 있는 걸 보았고, 나도 같이 만나고 싶었기에 조금 마음이 아팠다고 말했다.

"어머나, 세상에! 그런 생각은 추호도 없었어."

약속을 정했던 것이 아니라 우연히 만났던 거라고 했다. 동료들과 함께 저녁을 먹던 테다와 뉴욕에서 데이트를 하던 루시가 같은 곳에서 마주쳤던 것이다.

"사실 루시는 취해 있었어, 많이 외롭다고 하더라."

테다가 말했다.

머릿속이 환해졌다. 그동안 얼마나 터무니없는 생각을 해왔었나. 보이는 것이 전부가 아니었다. 그때까지 내렸던 모든 결론을 재평가할 필요가 있었다. 거절은 거부가 아니었다. 나는 거절을 더 많은 사람에게 다가가도록 일깨워 주는 신호로 사용하기로 마음먹었다.

우리는 모두 괴짜들이다

> 누군가가 이상한 모습을 보여도
> 상대방이 그걸 놀리지 않기로 결심했을 때.
> 그때가 우정이 싹트는 순간임을 그녀는 알게 되었다.
>
> _ 멕 월리처 Meg Wolitzer, 소설가

조앤 리버스와 찰스 왕세자는 편지를 주고받는 사이였다. 친밀한 관계는 아니었지만 가까운 지인 정도의 사이랄까. 크리스마스가 되면 찰스 왕세자는 조앤에게 선물을 보냈다. 멋진 찻잔 두 개를 보낸 적도 있었다. 조앤은 코미디의 여왕답게 두 개의 찻잔을 들고 크리스마스트리 앞에서 사진을 찍었다. 그리고 카드와 함께 사진을 그에게 보냈다.

"전 혼자인데 찻잔 두 개나 보내주셨네요?"

다음 해엔 공동묘지에서 찍은 찻잔 사진과 함께 또 다른 감사 카드를 보냈다. "가장 친한 친구랑 차를 마시고 있어요!"라고 적어서.

그러나 찰스 왕세자는 답이 없었다. 직접 만났을 때도 카드에 대한 얘기는 한 마디도 없었다. 불쾌한 게 있었나 싶어 이번에는 찻잔에 대한 농담을 하지도 않고 사진도 없이 예의 바른 감사 편지를 보냈다. 나중에 찰스의 친구를 만나 알게 된 뜻밖의 사실은, 그가 올해는 조앤의 카드를 더 빨리 받았으면 좋겠다고 했다는 것이다.

찰스는 왜 조앤에게 카드가 마음에 든다고 말하지 않았을까? 당황해서, 왕족이라서 등등 짐작되는 이유야 무수히 많았지만 조앤은 이유를 자신에게서 찾으려 했다. 자유분방의 대명사로 알려진 그녀였지만 자신을 검열하는 것에서는 자유롭지 못했던 듯하다.

난 어땠나? 제대로 답변을 받지 못할 것 같아서 스스로를 검열하거나, 하고 싶었던 말을 삼켰던 적이 몇 번이나 있었던가? 침묵을 분노로 받아들인 적은 몇 번이었을까? 예상을 벗어난 반응에 대해 지나치게 신경을 썼던 적은 또 얼마나 될까? 몇 주 후에 나는 결정적인 순간과 맞닥뜨렸다.

'안녕 로렌! 잘 지내지?'

책을 쓰고 있는 중이어서 메시지를 바로 확인하지 못했다. 몇 달 동안 연락하지 못했던 오랜 대학 친구에게서 온 메시지였다. 사실 우리는 말을 거의 안 해서 아직 친구인지조차 의문이었다. 그 애는 보스턴에 살았으므로 맨해튼에 올 때만 가끔 만났을 뿐이다. 몇 시간 뒤 메시지를 확인한 나는 돌고래들이 점프하는 장면을 놓친 듯한 기분이 들었다. 곧바로 답장을 보냈다.

'안녕! 답장 늦어서 정말 미안. 난 괜찮아. 어떻게 지내니?'

그리고 하나를 더 보냈다.

'보스턴은 어때?'

그걸로 만회할 수 있으리라 여겼다.

다섯 시간 후 그 애가 대답했다.

'아주 좋아.'

추가로 메시지가 이어지길 기다렸다. 나를 찾아오겠다고 이야기하기를. 아니면 애초에 메시지를 보낸 이유를 말해주기를. 그러나 5분이 지나도 점 하나 돌아오지 않았다. 재촉을 해야겠다 싶어서 메시지를 또 보냈다.

'다행이네! 다 잘 되고 있니?'

사흘이 지나도록 답장이 없었다. 도대체 나한테 왜 메시지를 보낸 걸까? 여전히 알 수 없었다. 연락을 받은 입장인데도 거절당한 것 같았다. 메시지를 주고받는 세 시간 동안 나에 대해 안 좋은 이야기를 들은 것은 아닌지 궁금해 하며 주말을 보냈다. 애초에 나에게 메시지를 보낼 생각이 없었는지도 몰라. 내가 생각했던 것만큼 좋은 친구가 아닐 수도 있고. 아니면 제이가 지적했듯이 그냥 괴짜일 수도 있지.

어쩌면 그녀는 3년 동안 조용하다가, 내가 2년 전 직장을 옮기자 축하 메시지를 보낸 칼슨과 똑같은 부류인지도 몰랐다. '고마워요. 어떻게 지내셨어요?'라고 칼슨에게 답을 했지만 그는 침묵했다. 그 역시 괴짜였다.

함께 브런치를 먹기로 약속해놓고 20분이나 늦은 칼리라는 애도 있었다. 칼리는 나를 2등 친구처럼 느끼게 했다. 제시간에 도착할 만큼 나와의 약속이 중요하지 않구나 싶어서. 알고 보니 다른 사정이 있었다. 칼리는 부모님이 자신을 사랑하지 않는다고 생각해서 시간당 200달러를 주며 정신과 의사와 상담을 받고 있었다. 하지만 상담비가 너무 비싸 부모님께 손을 벌릴 수밖에 없었고, 그것 때문에 서로 다투다가 지각했던 거였다.

칼슨이 답장을 보내지 않은 것, 칼리가 늦게 나타난 것은 내게 문제가 있기 때문이라고 넘겨짚었다. 어쩌면 나와 전혀 상관없는 일일 수도 있는데 말이다. 아마 그들도 나처럼 자신의 삶에 얽매여 있을 것이다. 대답을 잊은 것은 날 싫어해서가 아니라 내가 가끔 그렇듯이 바빠서 그랬을 것이다. 나는 데비 레이놀즈가 동료 배우 베티 데이비스에 대해 이야기하는 장면을 떠올렸다.

"그녀가 당신과 통화하기 싫었다면 아마 다른 사람인 척했을 거예요. '데이비스 양은 지금 여기 없어요. 누구시죠? 잠깐만요.' 그러고는 잠깐 자리를 떴다 돌아와서 이렇게 말하는 거죠. '안녕, 데비야. 내가 전화 받고 있는 줄 몰랐네.'"

만약 내가 데이비스의 친구인데 그런 일을 당했다면, 2주 정도는 불안해했을 것이다.

'지금 여기 없다는 게 무슨 뜻이야? 왜 나하고 얘기하고 싶어 하지 않는 거지? 왜 자기가 아닌 척을 하냐고? 날 바보로 생각하나? 그냥 놀린 건가?'

그리고 나를 그 소용돌이에서 끄집어내줄 사람은 제이밖에 없을 것이다. 제이 특유의 합리적이고 침착한 태도로, 그녀 역시 괴짜일 뿐이라고 말해주겠지.

사람들은 자신의 선입견에 따라 자신만의 방식으로 행동한다. 때때로 누군가의 말을 이해한다고 여기지만 단지 자신의 필터를 통해서 받아들이는 것이다. 그러니 다른 사람들의 말과 행동에 대한 해석은 대부분 주관적이고 부정확하다고 전제해야 한다. 그러면 주변 사람들과 스트레스 없이 소통할 수 있을 테니까 말이다.

만약 우리 모두가 각자 특이하다는 사실을 받아들일 수만 있다면 상대가 자신을 어떻게 생각하는지에 대한 걱정은 줄어들 것이다. 숨은 뜻을 파헤치려 하지 않고 긍정적인 에너지를 투영한다면 우정은 더욱 깊어지겠지.

우리가 사랑한 괴짜들

유명한 아동물 시리즈인 엘로이즈의 작가 **케이 톰슨**은 긴장이 되거나 지루해지면 4살짜리 아이의 목소리로 이야기한다.

탈룰라 뱅크헤드는 사람들 이름을 잘 기억하지 못해서 모든 사람을 "달링"이라고 불렀다. 그녀는 자기 친구를 마티니라고 소개한 적도 있는데, 사실 그 친구의 이름은 올리브였다.

누군가가 **마거릿 와이즈 브라운**에게 지금이 몇 시냐고 묻는다면, 그녀는 "몇 시였으면 좋겠니?"라고 대답할 것이다.

캐럴 롬바드는 야외 촬영이 잡히면 출연진과 제작진에게 와플을 대접하곤 했다. 사람들이 기막히게 맛있는 이 와플의 비밀 재료가 뭔지 묻자 그녀는 옥수수 가루, 레몬 리코타, 딸기 콩포트가 들어갔다고 말했지만 실제 와플에는 이런 것이 하나도 들어 있지 않았다.

다른 사람들에 대한 기대를 내려놓고 있는 그대로의 모습을 지켜보는 것은 신나는 일이다. 타인의 모습으로부터 나는 배운다. 누구나 독특하고 자신만의 아름다움을 지녔음을 말이다. 프랑스의 철학자 시몬 베유는 사랑이 관심이라고 말했다. 그러나 나는 사랑을 받아들임이라고 믿는다. 관심이든 받아들임이든 큰 차이는 없겠지만.

친구를 만드는 데 걸리는 시간

천천히 만나라, 친구를 사귀는 데는 시간이 걸린다.

_ 조지아 오키프 Georgia O'Keeffe, 화가

　지금까지 남에게 관심을 가져본 적이 별로 없었다. 나는 연락을 하는 쪽이 아니라 연락을 받는 쪽이었기 때문이다. 연락을 먼저 하는 사람은 상대방에게 관심을 갖는다. 뭘 할지 계획을 세우고, 먼저 메시지를 보내고, 상대방이 뭘 하고 있는지 묻는다. 나는 그러지 않았다. 다른 사람이 먼저 노력해야 노력을 하는 유형이랄까. 고독이 편했다. 주말을 혼자 보내는 건 처음에는 괜찮지 않았지만 곧 익숙해졌고, 몇 년 동안이나 익숙해지자 그 상황에 무감각해졌다. 벽을 쌓고 단절할수록, 바깥세상은 더욱 무서워보였다. 그러나 집에 머물러 있을수록 사회성은 녹슬었다. 진정으로 사회성이 필요한 순간에 능력을 발휘하기가 어려워졌다.

　록산느와 절교한 후로는 주로 직장 동료들과 어울렸다. 직장과 상사, 다른 동료들에 대한 불만이 우리의 공통점이었다. 어느 날 프랜시스가 끝나고 같이 놀자고 말했다. 우리는 6개월 동안 하루 8시간을 함께 보낸 사이였다. 회사를 나와서 가장 먼저 눈에 띈 바에 들어갔다. 그녀는 밀가루 음식을 먹을 수 없다고 했다.

"글루텐 알레르기 기미가 있어서. 예방 차원에서 끊으려고 해."

"그랬구나. 그럼 이건 어때?"

나는 메뉴를 훑으며 물었다.

"코로나 맥주가 없네. 난 그거 아니면 못 마시는데."

그래서 우리는 다른 곳으로 갔다. 록산느와 함께였다면 마음에 쏙 드는 곳을 찾을 때까지 이리저리 옮겨 다녔을 텐데. 적당한 메뉴를 찾기 위해 분위기는 무시해야 했다. 우리는 결국 형광등이 켜진 멕시코 식당에 도착했다. 타코를 주문하면 될지 프랜시스에게 물었다. 그녀는 내게 또다시 글루텐 알레르기를 상기시켰다. 회사 내의 가십거리며 업무로 인한 좌절감을 한바탕 쏟아내고 나자, 공통점을 좀 더 찾아내야 했다. 〈더 크라운〉을 본 적이 있냐고 묻자 그녀는 TV나 영화를 잘 보지 않는다고 답했다. 〈프렌즈〉만 본다는 거였다. 그걸 보면 불안해지지 않는다나.

집에 왔을 때 제이가 어땠냐고 물었다. 나는 그녀가 TV나 영화를 좋아하지 않더라고 말했다.

"그래서 뭐?"

"프랜시스하고 앞으로 무슨 얘기를 해야 할까?"

"다른 거."

"다른 건 생각 안 나."

"그럼 당신도 불안감을 느끼고 있다고 얘기해 보는 건 어때?"

그는 농담을 하고 있었지만, 곰곰이 생각해 보니 그럴 가치가 있었다. 그 얘기를 했다면 우리 사이에 강한 유대감이 형성되었을 것이다. 하지만 회사를 그만두면서 프랜시스와 멀어졌다. 돌이켜 생각하면 나 자신에게 화가 난다. 너무 빨리 우정을 포기해버렸다. 직장에서와는 달리 바깥에서는 대화가 자연스럽게 이루어지지 않았기에, 관계를 이어가려고 노력할 필요가 없다고 믿었다.

우리는 가끔 누군가와 시간을 내어 마주 앉을 필요가 있다. 그 사람과의 만남이 편안해질 때까지는 어느 정도 그래야 한다. 우정이 자연스럽게 흘러가지 않을 때도 있다. 때로는 하기 싫은 일을 해야 할 때처럼 인내심과 시간이 필요하다. 사실 록산느와 나 사이에도 공통점보다 차이점이 더 많았다. 하지만 오랜 시간을 함께하며 쌓아온 추억들 덕분에 우리는 친구가 되었다.

'노출 효과'라고 알려진 심리학 이론이 있다. 사람들은 자신에게 익숙한 다른 사람들을 좋아하는 경향이 있다는 이론이다. 피츠버그 대학의 심리학자들은 이를 실험하고자 네 명의 여성에게 학생인 척 수업을 듣게 했다. 각각의 여성은 남학생들과 전혀 교류를 하지 않았고, 빈도수를 달리해서 교실에 나타났다. 남학생들에게 사진을 보여주자 남학생들은 수업 중에 더 자주 보았던 여학생에게 더 큰 호감을 보였다. 우리는 자주 만나고, 많이 알수록 상대방을 더 신뢰한다. 그러한 신뢰가 우정의 바탕을 이룬다.

또 다른 연구도 있다. 신입생들이 새로운 친구를 사귀는 데 얼마나 오랜 시간이 걸리는지 조사하자 다음과 같은 결과가 나왔다.

☺ 아는 사이에서 가벼운 친구로 나아가는 데 50시간

☺ 가벼운 친구에서 진짜 친구로 나아가는 데 90시간

☺ 매우 절친한 친구로 나아가는 데 200시간 이상

우정은 하루아침에 생기지 않는다. 항상 즐겁지는 않더라도 견디면서, 공통점을 찾아야 한다. 충분히 노력을 기울이고 시간을 들인다면, 친구를 사귀는 일은 즐거워질 것이다.

친구들은 당신을 미워하지 않는다

결혼식 한 달 전, 오래된 친구의 사진을 우연히 발견했다. 케일라와 록산느. 대학에서 친해진 사이였지만 록산느와의 우정을 끊었을 때 케일라와도 연락하지 않게 되었다.

케일라 잘못이 아니었다. 그녀는 록산느와 더 친했으므로 나와는 더 이상 친구가 되고 싶지 않을 거라고 짐작했을 뿐이다. 케일라와 록산느가 함께 찍은 사진을 보니 더 그랬다.

몇 달 동안 우정에 대해 머리를 싸매고 분석했다. 케일라는 어쩌면 누구의 편도 아닐 수 있었다. 단지 내가 케일라에게 연락을 하지 않았기에 교류가 중단된 건지도 모른다. 오히려 케일라 쪽에서 거부당했다고 느끼고 있을지도 모른다. 이번에는 내가 먼저 용감해져야지. 호흡을 가다듬고, 케일라에게 문자를 보냈다. 그러자 기다렸다는 듯 답장이 날아왔다.

일주일 후, 그녀를 만난 자리에서 사과를 했다. 지난 몇 년 동안 잘못된 생각을 품었다고 고백했다. 그래서 연락도 못했고, 결혼식에 초대도 하지 못했다고. 준비해간 청첩장을 꺼냈다. 참석이 어렵다고 해도 이해한다고 말했다. 내심 와주길 바랐지만, 그보다는 내가 우리의 우정을 소중히 여긴다는 사실을 알아주길 더욱 바랐다. 케일라는 이미 다른 결혼식에 초대를 받아 참석할 수가 없다고 했다. 그러나 난 그 말을 개인적으로 받아들이지 않았다. 며칠 동안 우울해하지도 않았다. 거절을 거부라고 생각하지 않았다. 처음으로, 진실이 무엇인지 똑똑히 보았다. 케일라는 그냥 바쁠 뿐이었다. 나에 대한 감정과는 아무런 상관없이.

　결혼식 이틀 전, 마지막으로 록산느에게도 문자를 보내고 말았다. 기차역에서 맥주를 마시고 조금 취기가 오른 상태였다. 그녀와의 오랜 침묵을 깨고 싶었다. 마지막으로 주고받았던 문자메시지의 추악한 얼룩을 말끔히 씻어내고 싶었다.

　'안녕, 록산느. 오랫동안 끊어져 있었지만 왠지 네가 보고 싶다. 사과도 하고 싶고. 제대로 사과하려면 직접 만나서 해야겠지. 그러니까 내가 그리워지면 언제든지 얘기해줘.'

　답장이 바로 오지는 않았지만, 걱정은 되지 않았다. 3일 후 연락이 왔다. 그녀도 내가 그립다며 조만간 한번 보자고 했다. 물론, 아직도 만나지는 못했다.

　록산느와 함께 살던 동네에 가면 여전히 그녀가 그립다. 내 쪽으로 달려오는 키 작은 금발 여자를 보면 그녀가 아닐까 착각하곤 한다. 그러나 우리 사이에는 틈이 생겨버렸다. 결코 예전으로는 돌아갈 수 없다는 걸 알았기에 이후에는 연락을 하지는 않았다. 친구가 되기를 그만둔 것이다. 하지만 마지막의 악취를 없애주는 말을 주고받음으로써 나는 최소한의 마무리를 할 수 있었다. 무엇보다 중요한 건 우리 관계가 연락을 하느냐 마느냐에 좌우되지 않으리란 데 있었다. 더 이상 궁금할 것도 없었다. 나는 새로운 친구를 사귀는 데 힘을 쏟기 시작하면서 그 기분을 끝낼 수 있었다.

기분 다섯

· ·

가족에게
솔직해져라

이해는 치유의 시작이다.

_ 샌드라 시스네로스 Sandra Cisneros

결혼식을 올리고 몇 달이 지나서 크리스마스를 맞이했다. 오랜만에 가족을 만날 생각을 하니 가벼운 흥분을 느꼈다. 뉴욕에서 필라델피아로 가는 한 시간 반 동안, 이번 크리스마스는 그동안의 크리스마스와 다를 거라고 생각했다. 나이를 먹으며 성숙해졌고, 나를 자극하는 요인들도 알아냈으니까. 감정 폭발은 없을 터였다.

하지만 집에 가는 건 산에 오르는 것과 같았다. 가까워질수록 숨쉬기가 힘들어지고, 마음은 약해지고, 신경은 날카로워졌다. 그간의 사건사고며 눌러온 감정이 솟구치는 듯했다. 가족과 부대끼는 게 얼마나 힘든 일인지 잊고 지냈었다.

시작은 나쁘지 않았다. 이브 날에는 저녁 파티와 교회 예배에 참석했다. 크리스마스 점심때까지도 아무 일 없었다. 하지만 결국 신경을 건드리는 사건이 벌어졌고, 기어이 평정심을 잃고 말았다.

4시쯤이었다. 해는 벌써 저물고 있었고, 가족들과 저녁 준비를 하던 참이었다. 스피커에서는 마이클 부블레가 부르는 캐럴이 흘러 나왔다. 그 때 거칠게 현관문이 열리는 소리가 들렸다. 온몸에 소름이 쫙 돋았다. 린다 고모가 도착했다는 신호였기 때문이다. 자신이 만든 쿠키와 더불어 꼬투리 잡을 거리를 가지고서.

린다 고모를 좋아하지 않는 건 아니다. 고등학교 때 내게 잘해주면서도 못되게 구는 친구 때문에 고민했던 것처럼 고모에 대한 감정은 복합적이었다. 아빠의 형제자매 중 막내인 린다 고모는 치어리더, 여대생 클럽 회원, 컨트리클럽 회원으로 맹활약했던 사람이었다. 두 아이의 엄마였지만 여전히 대학생 분위기가 나는 그녀는 쿨해서 사람들을 편하게 만드는 능력이 있었다. 그래서 종종 마음을 열고 비밀을 털어놓곤 했는데, 생각지도 못한 순간 그 비밀이 공개되는 바람에 불쾌해진 적이 한두 번이 아니었다.

엄마는 고모의 손에 있는 쿠키를 받아들었고, 여동생은 내게 와인을 따라주었다. 내 결혼식을 회상하는 것으로 대화의 문이 열렸다. 앞으로의 계획, 일자리와 집 문제에 대해서도 이야기가 오갔다. 마침내 린다 고모는 오늘 다른 고모네 집에서 벌어진 드라마 같은 일을 늘어놓기 시작했다. 고모 말로는 내가 결혼한 이후로 그 집 분위기가 살얼음판이라는 거였다. 내 사촌 때문이었다. 그녀는 내가 결혼하던 날 심통을 부려서 결국 마음 약한 제 어머니를 울리더니, 크리스마스 분위기까지 망치려던 참이었다. 보다 못해서 린다 고모가 사촌에게 대신 맞섰다고 했다.

"와, 말도 안 돼. 미쳤네. 도대체 뭐가 문제인 거예요?"

그러자 고모는 이렇게 대답했다.

"글쎄, 난 너도 마찬가지라고 들었는데."

지나가는 말일 뿐이었다. 아무도 그 말을 듣지 못한 것 같았지만 나는 총에 맞은 느낌이었다. 산탄총 탄알이 내장 깊숙한 곳을 뚫고 지나가기라도 한 듯이 아팠다. 와인잔을 들어올리자 얼음이 짤그랑거렸다.

"누가 그런 말을 했어요?"

범인이 누구인지 알고 있었지만 굳이 질문했다. 엄마의 얼굴이 창백해지는 걸 눈치 채고, 고모는 말을 바꾸었다.

"아니, 너 말고 다른 조카딸을 말한 거였어."

하지만 상처를 입은 뒤였다. 하얀 소파에 붉은 와인을 실수로 쏟은 것처럼 마음이 피로 물든 것만 같았다. 분노와 수치심, 두 가지 감정이 얽히고설켜 가슴 밑바닥에서 뒤틀리는 듯했다. 엄마도 날 미쳤다고 생각했던 거야? 내가 그 정도라고? 고작 신부 화장해 줄 사람이 나타나지 않아서 호텔방에서 울었다는 이유로? 나는 엄마를 향해 휙 몸을 돌렸다.

"린다 고모한테 얘기했지? 왜 내 얘길 하고 그래?"

엄마는 입을 벌린 채 나를 보고 있었다. 따뜻한 샤르도네 와인에 취한 듯 보였다. 엄마는 그런 말을 한 적이 없다고 말했고, 고모는 모든 신부들은 다 철이 없다고 말했다. 그러다 엄마가 "너 그런 적한 번 있었잖아."라고 말하자 나는 폭발하고 말았다. 울지 않으려고 소리를 질렀다. 엄마에게는 이젠 크리스마스 때 다시는 집에 오지 않겠다고, 고모를 향해서는 참견하기 좋아하는 마녀라고 악담을 퍼부었다. 내가 엄마에게 심통을 부린 이유는 엄마가 스트레스를 준 탓이라고 했다. 엄마는 노이로제 환자에 정신이상자였다. 다시는 엄마와 이야기를 하지 않겠다고 다짐했다.

진 토닉 석 잔을 더 마신 후 저녁 내내 고모를 무시했다. 그리고 침실에 가서 제이 앞에서 참았던 울음을 터뜨렸다. 나 자신에게 화가 났다. 기분 조절 프로젝트를 시작한 지 몇 년이 지났음에도 여전히 가족에 대한 기분만큼은 조절할 수 없다는 점에 분노가 치밀었다. 어렵사리 성장했는데 가족의 테두리 안으로 들어가니 도로 아이가 되어버린 듯했다. 처절한 실패였다.

하지만 왜? 도대체 무슨 이유로 우리 가족이 이런 분위기를 조성할 수밖에 없었던 거지?

가족에 대한 기대감

> 우리는 우리가 갈망하고, 사랑하고, 욕망하는 대로
>
> 다른 사람들의 이미지를 끊임없이 조각하는 조각가들이다.
>
> 그러나 종종 현실과 맞지 않고 보탬이 되지 않을 뿐더러
>
> 결국에는 적합하지 않아서 실망한다.
>
> _ 아나이스 닌 Anaïs Nin, 작가

다음날, 출근길에 아빠 차에 올라탄 나는 고모 얘기를 꺼내지 않을 수 없었다.

"린다 고모가 내게 한 말을 아빠는 어떻게 생각하세요?"

나는 투덜거렸다. 아빠가 공감하기 어려울 거라는 점은 잘 알고 있었다. 고모의 오빠인데다 남자니까.

"아, 너네 고모는 항상 그래."

아빠는 말했다.

"항상 어떤데요? 심술궂어요? 무례해요?"

"린다는 나쁜 사람 아니야. 그냥 원래 그렇다고. 고모한테서 새삼 뭘 기대했는데?"

"저한테 좀 친절하게 대해주면 좋겠어요."

"린다는 친절해. 그리고 모두한테 다 그래. 너만 고모한테서 다른 모습을 기대하잖아. 다들 적응했는데 너만."

"그런 분에겐 결코 적응을 못할 것 같네요."

나는 토라져서 중얼거렸다.

"네 고모는 바뀌지 않을 테니 네가 적응하는 게 좋겠지."

그때 깨달았다. 내가 무엇인가에 적응하지 않고 그것을 바꾸려 한다는 것을. 고모가 내 기대대로 행동하기를 바랐고, 그와 다르게 행동하면 기습공격을 당했다고 느꼈다. 실망을 느낀 것이다.

심리학자들에 따르면, 분노는 종종 실망에 뒤따라온다. 실망감을 슬픔이나 수치심으로 드러내기보다는 화로 덮어 버리는 쪽을 선택한다. 철학자 마사 누스바움이 주장했듯이, "우리는 통제력을 잃어버렸다고 느낄 때 쉽게 분노하는 경향이 있다. 그리고 종종 그러한 환상을 이용해 통제력을 되찾곤 한다."

가족을 향한 기분은 온통 분노로 감싸여 있었다. 가족은 내가 원하는 대로 반응하지 않았다. 전화를 걸어서 이번에 승진했다고 말하면 축하의 말 대신 "서면으로 통보받은 거니?" 따위의 말을 해서 날 화나게 했다. 엄마는 다른 엄마들과 달리 딸과 의사소통을 제대로 하지 못했다. 항상 내게 "미워 죽겠어, 꼴도 보기 싫어." 같은 말만 했다.

나는 예전부터 마음속으로 역할에 대한 시나리오를 써두었다. 좋은 가족, 좋은 남편, 좋은 친구라면 어떻게 행동해야 하는가에 대한 기준을 세웠다. 누군가가 시나리오에서 벗어나면 분노했다. 만약 시나리오를 찢어버리면 어떻게 될까? 모든 기준을 내려놓는다고 생각하니 무한한 해방감이 느껴졌다. 이 기분에 대한 처방은 모두의 역할을 인지하는 데서 출발한다.

가족들은 저마다 다른 역할을 수행한다

> 사람들은 변하지 않는다.
>
> 숨겨진 부분이 드러나게 되는 것뿐이다.
>
> _ 앤 엔라이트 Anne Enright

다른 사람들을 있는 그대로 받아들이기 전에 나 자신부터 냉정하게 살펴야 했다. 딸, 언니, 아내로서 나는 무슨 역할을 맡고 있었지? 어떤 기대를 받고 있었던가?

심리치료 전문가 버지니아 사티어는 가족 관계에 대해 많은 연구를 한 사람이다. 그녀는 모든 가족 구성원들이 가족 내에서 각각 그들의 역할을 나누어 수행한다고 주장했다. 이러한 역할 분담은 많은 문제점을 일으키지만 한편 가족이라는 역학 안에서 뿌리 깊게 박혀 있는 틀이기도 했다.

역할은 가족끼리의 관습화된 의사소통 방식이다. 가족들은 서로가 맡은 역할에 충실하리라 기대하며, 조화롭게 관계가 유지되기를 바란다. 만약 당신이 기대된 역할대로 행동하지 않는다면 가족들은 즉각 반발하게 되고 조화는 깨어질 수밖에 없다. 사티어에 의하면, 가족들이 수행해야 할 역할에는 다섯 가지가 있다. 각각의 가족 구성원은 이 다섯 가지 역할 중에서 한 가지를 골라 그 가치와 습관에 따라 의사소통을 하게 된다.

투덜이: 투덜이들은 예민하지만 활력 넘치는 가족 구성원이다. 평상시에는 순종적이고 상냥하다. 그렇지만 배신이나 무시를 당한다고 느끼면 쉽게 무너진다. 불균형 상태에 적응하기 위해 최선을 다하긴 하지만 일이 틀어지면 최악의 모습을 드러낸다. 무차별적으로 막말을 퍼어대서 가족들 사이에서 평가가 좋지 않다.

익살이: 익살이들은 우스갯소리를 잘한다. 너무 심각한 사안에 대해서는 재빨리 유머를 사용하여 분위기를 완화하는 대화를 유도한다. 그러나 진짜 심각한 경우에는 산만함 때문에 불안정이 심화될 수 있다.

똑똑이: 똑똑이들은 깊은 내면을 탐구하기를 거부한다. 자신을 보호하기 위해 상황을 이성적으로 처리하기 때문이다. 그런 합리성의 뒷면에 감정적 고통이 자리한다. 그들은 사람들을 인간적으로 만나기를 거부한다.

달램이: 달램이들은 가족 구성원에 맞춰주느라 스스로의 감정과 욕구를 부정하는 사람들이다. 가족 중 누군가 하나는 늘 평화를 추구하며, 서로 싸우지 않게 하려고 노력한다. 이렇게 한다고 해서 밑바탕에 깔린 긴장이 풀어지지는 않는다. 오히려 이 과정에서 달램이들은 자기감정을 억누른 탓에 고통을 받게 된다.

저울이: 누구에게나 사랑 받는 아이, 그가 바로 저울이다. 우리 모두가 지향해야 할 역할의 유형이다. 저울이들은 감정적으로 성숙하며, 평화나 발전을 위해서라면 자신의 약점도 서슴지 않고 마구 표현한다. 직설적이지만 전투적이지 않으며, 감정적이지만 격앙되지 않는다. 속뜻을 숨기지 않고 진정성 있는 방식으로 관여한다. 그렇기에 다른 사람들을 편안하게 만든다.

우리 집안에서 나는 투덜이 역할을 맡은 게 분명했다. 한 번은 엄마가 나에게 과속 딱지에 대해 왜 말하지 않았냐고 다그친 적이 있다. 나는 엄마가 기겁할 것 같아서 그랬다고 둘러댔다. 내 실수를 인정하지 않았다. 실망감을 주는 게 지독하게 싫었기 때문이다.

제이와 싸울 때도 똑같은 반응이 튀어나왔다. 늦게 들어온다는 연락을 왜 하지 않았냐고 그가 물었을 때, 나는 제이에게 "네가 날 믿지 못하는 건 내 잘못이 아니야"라고 대꾸했다. 이런 충동적인 반응은 모두 내가 선택한 역할에 뿌리를 두고 있었다. 일단 역할을 이해하고 나자, 그 역할대로 행동하는 나를 의식할 수 있었다. 다른 사람들이 무슨 역할을 맡고 있는지도 보였다. 어떻게든 함께 어울리고 싶었다.

그로부터 몇 달 후, 할머니의 아흔 번째 생신을 맞아 가족들이 한자리에 모였을 때 나는 역할이란 것을 제대로 실감할 수 있었다. 우리 가족은 마치 브로드웨이 거리의 연극처럼 각자가 맡은 역할을 해내고 있었다.

그날 여동생은 가족들 앞에서 불쑥 개 이야기를 꺼냈다. 내가 대학생 때 개를 들였고, 돌보기 힘들어지자 부모님께 떠넘겼던 이야기를 말이다. 그 애가 똑똑이 역할을 맡고 있다는 점에 의심의 여지가 없었다. 왜냐하면 그 애가 말하는 것은 뭐가 됐든 항상 팩트에 기반을 두고 있었기 때문이다. 알몸으로 습격당한 기분이었다. 어떻게 그런 식으로 폭로를 할 수 있지? 부모님에게 실망감을 안겼다는 생각에 눈앞이 노래졌다. 부모님은 여전히 그 개를 예뻐하며 잘 키우고 있었다. 나는 대학생 때 그런 게 아니라 대학 졸업하고 나서 그랬던 거라고 지적했다. 동생이 집에 도로 들어와 살지 않았다면 개 따위는 신경도 쓰지 않았을 거라는 점도 말이다. 어느 틈엔가 아빠가 끼어들어 그 개도, 내 여동생도 둘 다 암컷이라서 좋았다고 농담을 던졌다. 가족들이 맡은 배역은 너무나 또렷했다.

투덜이인 내가 똑똑이인 여동생을 계속 몰아세우면 무슨 일이 벌어질지 뻔했다. 지난 가족 휴가 때 우리는 아빠의 중재에도 불구하고 한 마디도 지지 않고 싸웠고, 익살이였던 아빠는 결국 폭발하여 식사하다 말고 나가버렸다. 달램이인 엄마는 우리 모두를 진정시키려 애를 썼다. 그러다 자식들이 어떻게 한 번을 잘 지내지 못하느냐고 한탄하며 화장실에서 울었다.

가족들의 역할을 알고 있으니, 매번 맞이하던 결말대로 일이 흘러가지 않도록 할 수가 있었다. 동생에게 대꾸하는 건 부질없는 일이었다. 그럴수록 동생은 집요하게 팩트로 받아칠 뿐이었다. 아빠의 농담을 경고등으로 삼기로 했다. 그게 아빠가 맡은 역할이었으니까. 동생의 역할을 이해한 후엔 해방감마저 들었다. 똑똑이랑 어떻게 싸워. 게다가 열아홉 살이니 성숙해지려면 시간이 좀 걸리겠지. 최선의 방법은 동생을 있는 그대로 받아들이고, 동생이 내뱉는 팩트 세례에도 일리가 있음을 이해하는 것이었다.

자신의 역할을 이해하면 주변 사람들의 역할을 받아들일 수 있다. 내가 비난하는 사람, 즉 투덜이라는 걸 이해하게 되면서 왜 항상 자동적으로 반응만 한 건지 곱씹어보게 되었다. 또한 똑똑이 여동생이 컴퓨터처럼 의사소통한다는 것을 이해하게 되면서 동생의 말에 둔감해질 수 있었다. 모두의 역할을 분명하게 이해하게 되었을 때, 가족들과의 소통 방식을 바꾸는 데 집중할 수 있었다.

솔직하게 얘기하라

> 사람들이 진짜 뜻을 감추기 위해
> 언어를 어떻게 사용하는지를 보는 것은 언제나 흥미롭다.
> _ 그레타 거윅 Greta Gerwig, 영화감독

1900년대 초, 《보그》의 전설적인 편집장이자 미국의 패션 아이콘 다이애나 브릴랜드는 일기에 이렇게 썼다.

"엄마와 나는 매사에 의견이 맞는 법이 없다. 나는 오늘 아침에 눈물을 흘렸고 지금도 울 것만 같다. 어떻게 해야 할지 모르겠다. 따지고 대들기만 할 뿐이다. 엄마는 억울하다고 말하겠지. 내 행동이 좋지 않다는 건 알지만 어쩔 도리가 없다. 이건 내가 직면한 인생의 큰 걸림돌이다. 엄마한테는 말이 안 나온다. 뭐라고 말해야 할지 모르겠다."

다른 세기에 살았던 여성들조차 나처럼 가족을 두고 고민하다니, 묘하게 마음이 편해졌다. 브릴랜드와 마찬가지로, 우리 가족 사이에는 말하지 않은 것들로 인해 세워진 벽이 있는 것 같았다. 우리 가족은 불편한 기억을 끄집어내지 않고 그냥 묻어두었다. 나라도 그것들을 다시 파내서 해결하지 않으면 이 기분을 극복하지 못할 것은 자명했다.

몇 년 전 스페인 마드리드에서 유학을 하고 있을 때, 엄마, 여동생, 가비 고모, 사촌동생이 단체로 나를 보러 온 적이 있었다. 당시 나는 로베르토라는 이름을 가진 마흔 살의 치과의사를 만나고 있었다. 로베르토는 마드리드의 라 라티나 구역(마치 맨해튼의 이스트 빌리지 같은 곳)에 있는 독신자 아파트에 살고 있었다.

세상에, 벌써 쓰기가 괴롭네. 나는 끔찍하게 외로웠다. 일요일 오후 카페에서 로베르토가 집적거렸을 때 그를 받아준 것도 그 때문이었다. 남자에게 사랑받고 싶고 마음이 공허하면 뭐든 상관없을 때가 있지 않은가. 나도 그랬다.

가족이 호텔 라운지에서 한숨 돌리고 있을 때, 나는 남자친구 얘기를 하고 싶은 마음에 한껏 들떠 있었다. 엄마와 고모는 장거리

비행 후 여독을 풀 겸 가벼운 칵테일을 시켰고, 사촌과 여동생은 무알콜 셜리 템플을 마셨다. 마침내 고모가 요즘 잘 지내냐고 물었을 때, 나는 흥분해서 "아주 잘 지내죠! 멋진 사람을 만나고 있어요."라고 대답했다.

"그래? 학생이야?" 그녀가 물었다.

"아니, 치과의사예요. 나이는 마흔 살."

엄마와 고모가 서로 마주보았다.

"음, 대단하네. 우리랑 같이 봐도 좋겠는걸."

가비 고모는 내게 항상 힘이 되어주었다. 엄마는 입을 꾹 다물고 있었다. 스페인까지 왔고, 석 달 만에 만난 건데 관심 있는 척이라도 좀 해주시지.

"수업은 어때?"

마침내 엄마가 입을 열었다.

"좋아, 괜찮아."

"그럼 이제 구경하러 나가 볼까요?"

사촌동생이 얼음을 빨아먹기 시작할 때쯤 고모가 물었다. 다들 옷을 갈아입으러 방으로 올라갔고, 나는 로비에 남아 로베르토에게 문자를 보냈다. 호텔의 회전문을 나설 때 고모가 속삭였다.

"엄마는 네가 피임을 제대로 하는지 궁금해 하고 있어."

"당연히 하고 있지! 안 해도 되지만. 우린 진지한 관계야."

아무렇지도 않은 듯이 대답했지만 큰 상처를 받았다. 왜 엄마는 로베르토에 대해서는 묻지도 않고 임신 가능성에 대해서만 관심을 가지는 거야? 어색하게 피임 얘기를 왜 고모한테 한 거지? 나에게 직접 물어보면 안 되나?

이런 지적 방식은 스물 한 살이었던 나에게 엄마와의 거리감을 느끼게 했다. 엄마는 속을 터놓을 만한 상대가 아니었다. 당시에는 이해하지 못했지만, 엄마는 자기의 역할에 충실했던 것뿐이었다.

오후 관광을 마친 후에, 저녁식사를 하기 위해 엘 메르카도에 갔다. 내가 가장 좋아하는 장소이자, 로베르토와 첫 데이트를 한 장소이기도 했다. 공교롭게도 로베르토는 그날 밤 다른 여자와 거기 있었다!

데브라 메싱의 영화 속 한 장면처럼, 테이블 건너편에서 그놈은 여자의 손을 잡고 있었다. 그걸 본 순간, 큰 바위 덩어리 하나가 가슴에 얹힌 것 같았다. 숨을 쉴 수 없었다. 나와 함께했던 바로 그 테이블에서, 내 또래의 여자애랑 노닥대다니. 그가 나를 알아볼 때까지 한참 동안 노려보았다. 하지만 정작 눈이 마주쳤을 때 그는 고개를 돌리고 말았다. 토할 것 같았다.

난 구제불능의 똥멍청이였다. 자존심 때문에 아무에게도 말할 수 없었다. 젊고 순진한 미국 소녀를 하몽 따위로 유혹하는 저 늙은 스페인 늑대가 내 남자친구라고 말할 수 없었다. 온몸이 뒤틀렸다. 그런데도 상처를 억누르면서 억지로 앉아 있었다.

사람은 상처와 분노를 삭이려고 술을 마신다. 그렇다고 마드리드 밤거리에서 혼자 술을 마실 수는 없었다. 무슨 생각이었는지 나는 열다섯 살짜리 사촌동생 니나를 불러내서 데킬라 몇 잔을 함께 나눠 마셨다. 새벽 두 시, 술에 취해서 토한 니나를 고모 방으로 돌려보내고, 나는 엄마와 여동생이 묵고 있는 방으로 들어갔다. 그리고 새벽 4시에 일어나 충격에 빠졌다. 대체 간밤에 무슨 짓을 저지른 거지? 오전 내내 몹시 괴로웠다, 감정적으로. 신체적으로도 물론 숙취에 시달렸다. 어떻게 된 거지? 왜 내 침대 옆에 쓰레기통이 있지? 왜 벌거벗고 있는 거야? 오전 9시가 되자 여동생이 방으로 들어왔다.

"다들 어디 있어?"

"아침 먹는 중."

속이 울렁거렸다.

"어젯밤에 무슨 일 있었어?"

"언니가 벌거벗고 춤을 췄지. 엄마는 내 눈을 가렸고!"

여동생이 웃음을 터뜨렸다. 아, 망했네.

"니나는 어떻게 됐어?"

"아파. 가비 고모가 침대에 누워 있으라고 했대."

망했다, 망했어.

"엄마 화나셨어."

당연히 그렇겠지. 쉽게 풀릴 것 같지 않았다. 가비 고모도 화났을 것이다. 고모의 미성년자 딸을 취하게 만들다니. 필름이 끊겨버려서 누구에게 무슨 말을 했는지도 알 길이 없었다. 아침을 먹으러 내려가서, 자리에 앉기 전 모두에게 사과부터 했다. 고모에게는 노여움을 풀어주신다면 무슨 짓이든 다 하겠다고 했다. 엄마에게는 모든 게 미안하다고 했다. 가족들이 스페인에 머무는 동안 행동거지를 똑바로 하겠노라고 약속했다.

끝끝내 로베르토 얘기는 꺼내지 못했다. 그 '진지한 관계'에 재앙이 닥쳤고, 그게 수치스러워서 취할 때까지 마셨다는 사실을 고백하지 않았다. 피임 문제를 지적받은 것, 그리고 엄마와 내가 다른 사람을 통하지 않고서는 그런 류의 대화를 할 만큼 친하지 않다는 사실에 대해 상처를 받았다고 말하지 않았다. 타국에 와서 느낀 불편과 슬픔, 외로움에 대해서 가족 누구에게도 말하지 않았다.

엄마는 "고모한테 한 번 더 사과해."란 말 외엔 어떤 말씀도 하지 않으셨다. 다음날 우리는 바르셀로나에 관광을 갔다. 이층 버스를 타고 투어를 하는데 비가 왔다. 모든 일정은 정상적으로 돌아가고 있었지만 나에겐 세상이 비정상으로 느껴졌다.

유감스럽게도 나는 그 일을 잘 해결하지 못했다. 수치심을 품은 채로 간신히 견뎌냈을 뿐이다. 때문에 기억 속에 상처를 고스란히 남겨두어야만 했다. 그래서 작년 크리스마스 때, 가비 고모가 제이에게 "스페인 이야기"를 아느냐고 물었을 때, 화제를 돌리려고 애썼다. 고모는 웃고 있었지만 나는 농담으로라도 웃을 수 없었다. 고모가 그 일을 기억하다니. 엄마도 분명 기억하고 있겠구나. 그런데 나는 왜 스물한 살 때의 기억으로 여태 괴로운 걸까? 왜 과거를 흘러가게 놔두지 못했을까?

아마 정면으로 맞서지 않았기 때문일 거다. 가족 안에서 벌어진 크고 작은 순간들은 그냥 흘러가지 않는다. 어떤 순간에는 맞서야 한다. 그렇지 않으면 분열이 일어난다. 사랑하는 가족들 앞에서 실수를 저지르고 스스로를 난처하게 만드는 건 극히 자연스러운 성장의 과정 중 하나다. 그런 일이 없는 게 오히려 부자연스럽다.

물론 내 치부를 알고 있는 사람들이 가족이라는 점이 오히려 때로는 어려움을 야기할 수 있다. 우릴 실망시킨 사람이 있다면 앞으로 얼굴을 안 보면 그만이지만 가족과는 그렇게 할 수 없기 때문이다. 그러나 갈등과 소통은 삶의 일부분이다. 우리가 갈등을 단순명쾌하게 받아들일 때 우리의 평판도 올라간다. 시인 매리엔 무어도 "솔직한 사람은 선물 같은 존재다."라는 말을 하지 않았던가? 나는 가족들에게 스페인 여행에 대해 이야기를 나누진 않았다. 이제는 말하려면 할 수 있다고 확신하지만. 대신 다른 껄끄러운 주제들에 대해서 소통을 시도했다. 가업을 물려받고 싶지 않다는 이야기, 엄마의 잔소리가 듣기 싫다는 이야기 등등.

스페인에서의 일은 교훈을 줬다. 갈등은 정면으로 맞서지 않으면 악화될 뿐이라는 것을. 한순간 쪽팔려도 터놓고 대화를 하는 편이 낫다. 하지만 그런 대화를 시작하려 하면 두려움도 함께 솟아날 것이다. 그래서 나는 몇 가지 전술을 개발했다. 우선, 대화를 시작하기 전에 스스로에게 다음과 같은 질문을 던져보는 것이다.

이 이야기를 하면 일어날 것 같은 가장 좋은 일은 무엇인가?

이 이야기를 하면 일어날 것 같은 최악의 상황은 무엇인가?

이 이야기를 하지 않으면 일어날 것 같은 가장 좋은 일은 무엇인가?

이 이야기를 하지 않으면 일어날 것 같은 최악의 상황은 무엇인가?

아래에는 다른 전술들도 있다. 가족과의 대화에서뿐만 아니라 다른 사람과 어려운 대화를 나누는 상황에서도 꽤 쓸 만할 것이다.

자신을 낮추는 말은 쓰지 마라: "아마 내가 잘못한 거겠지만" 혹은 "내가 그냥 예민한 건지도 모르겠지만"과 같은 말로 운을 떼면, 당신은 그 말에 상대가 동의하게끔 영향력을 주게 되는 셈이다. 사람들에게 당신의 진짜 감정을 말할 거라면, 희석시키지 말라.

'너' 대신 '나'의 시점으로 말하라: 말하는 방식을 재구성할 필요가 있다. "넌 항상 지각을 해."라고 말하면 상대방은 공격적으로 변한다. 반면 "나는 상대방을 오래 기다리다보면 상처를 받아."라고 말하면 당신은 상대방을 불쾌하게 하지 않으면서 자신의 주장을 펼칠 수 있다. 대화의 방점이 상대의 잘못이 아닌, 그 잘못이 당신을 화나게 하는 이유에 찍히기 때문이다.

'미안해' 대신 '고마워'라고 말하라: 나에게는 엄청난 변화를 가져다준 전술이다. 사과를 한다는 건 사실상 상대방이 아닌 스스로에게 포커

스를 맞추는 행위다. 당신의 죄책감을 덜어주는 손쉬운 해결책이기 때문이다. "늦어서 미안해"는 변명으로 들린다. 반면에 "기다려줘서 고마워."는 당신을 변명하는 사람에서 감사하는 사람으로 바꾸어 준다. 상대가 당신을 위해 수고해주었음을 인정하고 감사를 표현하고, 사람들의 반응을 지켜보라. 짧은 감사 한 마디가 그들의 사고방식을 어떻게 바꾸는지 겪어보면 깜짝 놀라게 될 것이다.

왜곡된 생각을 줄이는 방법

> 사람들의 삶을 들여다보라. 주의를 기울여서 살펴보라.
> 삶의 어느 지점에는 반드시 악몽이 도사리고 있을 테니.
>
> _ 메이 사튼 May Sarton, 시인

1964년 엘리자베스 테일러는 다섯 번째 남편인 리처드 버튼과 결혼식을 올렸다. 영화 《클레오파트라》에서 얻은 명성은 둘의 드라마 같은 사생활과 더불어 그들을 세계에서 가장 유명한 커플이 되게 했다. 현재 미국 예능계에서 가장 부유한 커플 중 하나인 킴과 칸예처럼, 그들도 사치스러운 생활을 즐겼다. 1960년대에 총 8,800만 달러를 벌었으며 6,500만 달러 이상을 썼다. 롤스로이드, 전용 비행기, 헬리콥터, 특급 호텔 중 일부 층에다 수백만 달러짜리 요트까지 구매했다.

1969년 리처드가 69캐럿의 테일러버튼 다이아몬드를 110만 달러(오늘날 가치로 환산하면 700만 달러에 상당하는 금액)에 사들였을 때, 미국 여성들은 황홀해했다. 세계에서 가장 비싼 다이아몬드였을 뿐만 아니라 세계에서 가장 인기 있는 다이아몬드였기 때문이다. 처음으로 그 다이아몬드가 경매장에 나왔을 때, 리처드 버튼은 까르띠에와의 입찰 전쟁에서 다이아몬드를 놓쳤다.

하지만 리처드는 포기하지 않았다. 그는 자신이 처음에 제시한 100만 달러보다 더 높은 금액을 제시해야 한다는 사실을 받아들였고, 결국 까르띠에 측에 최종 금액보다 5만 달러 비싼 금액을 주고 다이아몬드를 손에 넣었다. 까르띠에는 탁월한 판단력으로 하루만에 5만 달러의 수익을 올렸고, 새로운 주인에게 양도하기 전에 뉴욕과 시카고에 있는 까르띠에 부띠크 매장에서 반지를 전시해야 한다는 조항을 계약서에 넣었다.

전시장에 다이아몬드가 잠시 머물러 있는 동안 약 6,000명의 사람들이 줄을 섰다. 그들이 진짜로 보고 싶었던 것은 자신들에게 없는, 위대한 열정이었다. 100만 달러가 넘는 다이아몬드는 어떻게 생겼을까? 많은 여성들은 그것을 사랑의 상징으로 여겼다. 그러나 줄 서 있는 사람들 가운데 리처드 버튼이 왜 그렇게 비싼 다이아몬드를 사주었는지 진짜 이유를 아는 사람은 아무도 없었다.

불과 몇 주 전, 리처드 버튼 부부는 이탈리아에서 휴가를 즐기고 있었다. 그런데 카페에 앉아 있던 리처드가 술에 취해 화를 내기 시작했다. 엘리자베스가 남편의 뺨에 손을 얹으며 그를 달래려고 하자, 그는 크고 못생긴 남자 같은 손이라고 말하며 그녀의 손을 확 쳐냈다. 엘리자베스가 중얼거렸다.

"이렇게 큰 손이 작아 보일 정도로 커다란 다이아몬드를 사줘야 할 것 같네."

리처드는 일기장에 이런 구절을 남겼다.

"어젯밤의 실수로 나는 값비싼 대가를 치러야 할 것이다."

전시장에 모인 여성들은 그 반지가 헌신의 증표가 아니라 참회의 선물이었음을 까맣게 몰랐을 터였다. 반지는 그들 부부 관계의 종말을 암시했다. 약물과 술이 투영된 반짝이는 물건에 지나지 않았다. 엘리자베스는 결국 그녀의 여섯 번째 남편의 정치 자금을 대기 위해 300만 달러에 그 반지를 팔아 치웠다.

다음번에 누군가의 행동을 해석할 일이 있으면 꼭 이 이야기를 떠올려주길 바란다. 특히 누가 무슨 짓을 했는지 정확히 알고 있다는 생각이 들 때면 말이다. 우리가 인식하는 상황은 사실상 완전히 다른 이야기일 수 있다.

우리는 항상 이야기를 지어낸다. 친구가 답장을 하지 않은 건 나를 좋아하지 않기 때문이야. 엄마가 수영복을 보고 빈정거린 건 날 천박하다고 생각해서야. 여동생이 내 남자친구 이름을 기억하지 못하는 건 마음에 들지 않았기 때문이야.

그런데 그게 정말 사실일까? 잠시 멈추고 다른 방향으로 생각해 보자. 아마 친구는 바쁜 일이 있어서 답장을 못했을 것이고, 엄마는 자신의 감정을 다스리지 못해서 그런 말을 했을지도 모른다. 또 여동생은 자신에게 닥친 문제를 해결하느라 정신이 팔려 당신의 남자친구 이름을 기억하지 못했을 수도 있다.

우리의 기분은 대부분 자신의 생각에서 비롯된다. 다시 말해 당신이 상황과 대화를 어떻게 인식하느냐에 따라 기분도 달라진다. 인간지각 전문가 브라이언 박서 와클러는 "지각 지능(PI)"이 현실과 환상을 어떻게 구별하는지를 결정한다고 말한다. 우리는 세상을 직접적으로 인식하지 않는다. 기억과 감정은 인식을 왜곡하고, 왜곡된 인식은 오해를 낳는다.

나는 내 인식력이 꽤 높다고 생각했다. 사람들이 화를 내거나 마음이 상할 때를 헤아려 기분을 맞춰 주려고 했다. 그러나 미처 깨닫지 못한 점이 두 가지나 있었다. 하나는 모든 사람을 행복하게 하는 건 내 몫이 아니라는 점이었고, 다른 하나는 모든 사람이 늘 내가 짐작한 만큼 마음이 상하는 게 아니라는 점이었다.

나는 몽상가다. 제이도 그 점을 인정했다. 그러나 필요 이상으로 나 자신에 대해 상상력을 많이 발휘하는 게 문제라면 문제였다. 항상 최악의 시나리오를 상정했으니까. 예를 들어 똑같은 회의를 마치고 나오더라도 나는 우울한 반면 동료는 기분이 좋아 보였다. 동료는 나를 보고 이렇게 묻곤 했다.

"왜 그래?"

"클라이언트가 레이아웃에 대해 하는 말 못 들었어? 싫다잖아."

"싫다는 말은 전혀 하지 않았는데! 다른 옵션들을 보고 흥분된다고 말했지."

"그게 싫다는 뜻이지."

"아니지. 우리 작업에 만족하고 있고, 다른 것도 추가로 보고 싶어 한다는 뜻이지."

동료는 새로운 옵션을 기획하면서 기분 좋은 한 주를 보냈고 나는 스트레스를 받으며 일주일을 보냈다. 그들이 한 말은 중요하지 않았다. 중요한 것은 다가오는 회의에서 그 정보를 어떻게 잘 활용할 것이냐 하는 점이었다. 결국 동료는 좋은 반응을 얻었지만 나는 비판적인 말을 듣게 되었다.

애매모호한 상황을 적대적이거나 나쁜 상황으로 인식하지 않기 위해서는 부정적인 사고방식을 바꿀 필요가 있었다. 《셜록 홈즈처럼 생각하는 방법》의 저자 마리아 코니코바는 상황을 객관적으로 바라보는 방법을 이렇게 설명한다.

"홈즈가 왓슨에게 설명하는 것처럼, 아무것도 모르는 사람에게 상황을 설명해보는 것은 큰 도움이 된다. 홈즈는 설명을 하면서 전에는 분명하지 않았던 차이와 모순을 표면으로 드러나게 했다."

방법은 또 있다. 어느 날 상담치료 대기실에서 불안에 관한 책을 훑어보다가 표를 하나 발견했다. 나는 그것을 참고해 표를 만들고 '인식 준비표'라고 이름 붙였다. 그리고 열 받는 일이 생기면 표에 있는 빈칸을 채워 넣었다. 첫 번째 열에는 나를 화나게 하는 상황을 최대한 객관적으로 쓴다. 두 번째 열에는 반사적으로 드는, 주관적인 생각을 쓴다. 세 번째 열에는 그 생각을 '뒷받침하는 증거'를 쓴다. 마지막 열에는 그 생각에 '반대되는 증거'를 적는다.

나를 화나게 하는 상황에 그리는 도표

화나게 하는 상황	반사적으로 드는 생각	그런 생각에 대한 증거	그런 생각에 반대되는 증거
엄마와 내가 싸웠다.	나는 형편없는 딸이다. 엄마는 나를 싫어해.	엄마가 소리쳤다. 나는 전화를 끊었다. 엄마는 화가 난 듯했다.	싸우는 것은 당연하다. 우리는 전에도 싸우고 화해한 적이 있다.

물론 화가 치솟는 상황에서 표 하나만으로 상황을 해결할 수는 없다. 하지만 적어도 상황을 이해하는 데는 도움이 된다. 표를 다 만들고 나서 결국 엄마에게 전화로 사과했다. 결과적으로 사소한 고민에 마음 쓰는 시간이 확 줄었다. 논쟁을 할 때마다 나쁜 사람이 되지 않을 방법을 궁리하느라 시간을 허비할 필요도 없었다. 표는 주어진 상황을 균형 잡힌 시각으로 보게 해주었다.

'그래, 나 엄마하고 싸웠어. 그래서 어쩌라고? 전화해서 사과하면 우리 관계는 원래대로 돌아갈 수 있어. 마지막으로 했던 싸움에 비하면 이건 새 발의 피야.'

하지만 실수를 인정하고 남에게 사과하는 법을 배우는 데에는 시간이 좀 더 걸렸다.

실수를 인정하고 사과해야 하는 이유

> 일단 사과를 한 번 미루면 점점 더
> 하기 힘들어지고, 결국 못하게 되고 만다.
>
> _ 마거릿 미첼 Margaret Mitchell, 작가

실수에 관해서라면 다이애나 또한 불명예스러운 기록을 갖고 있다. 사람들에게 그녀는 영원히 왕세자비로 기억되겠지만 그렇다고 그녀가 항상 완벽한 아내, 자매, 며느리였던 건 아니다.

1999년, 미국의 탐사보도 작가인 샐리 베덜 스미스는 다이애나 왕세자비를 잘 아는 150명의 사람들을 인터뷰해서 가감 없는 전기 한 편을 출간했다. 《자신을 찾는 다이애나: 곤경에 처한 공주의 초상화》에서 스미스는 다이애나 왕세자비에 대해 잘 알려지지 않은 이야기를 꺼냈다. 다이애나는 찰스 왕세자를 사랑했고 그와 결혼하고 싶어 했다. 사실 그녀는 1977년 찰스를 처음 만났을 때 그에게 매혹된 나머지, 그가 언니 사라와 데이트한다는 사실을 무시하고자 했다. 사라와 찰스가 잘 안 될 것 같다고 확신한 발랄한 열여섯 살의 소녀 다이애나는 언젠가 찰스 왕자와 결혼하리라 마음을 굳혔다.

그로부터 3년 후 찰스와 다이애나는 결국 만나서 데이트를 했다. 열세 번의 만남 끝에 찰스는 프러포즈를 했고, 둘은 육 개월 만에 결혼했다. 하지만 두 사람 사이에 금세 금이 가기 시작했다. 찰

스보다 열두 살이나 어린데다 버킹엄 궁전의 규율을 처음 접하는 다이애나가 자꾸만 엇나갔기 때문이다. 자신감은 없었고, 질투심은 넘쳤다. 찰스의 애정이 충분하지 않다고 생각했다. 영국의 타블로이드 신문들은 찰스가 카밀라 파커 볼스에게 끌리는 것 같다며, 추측 기사들을 계속해서 쏟아 냈다.

시간이 흐르면서 다이애나는 더 큰 어려움에 빠졌다. 남편의 관심을 갈망한 나머지 그녀는 찰스가 업무에 몰두하는 행동마저 자신을 거부한다는 증거로 받아들였다. 다이애나의 친한 친구였던 인테리어 디자이너 니콜라스 해슬램은 다이애나가 얼마나 생각이 많은지 잘 알고 있었다.

"다이애나는 자신의 결함, 그간 겪은 배신, 현실과 상상 속의 적들에 대해서 강박적으로 생각하곤 했어요. 그런 생각은 그녀를 울게 만들었고, 때때로 복수할 계기로 작용하기도 했죠. 그녀는 종종 최악의 결정을 하곤 했어요."

그런 끔찍한 결정 중 하나는 기자였던 앤드루 모튼을 만나기로 한 것이었다. 그는 다이애나의 사생활에 대한 책을 출판하려고 호시탐탐 기회를 노리고 있었다. 수년간 황색 언론에 의해 편파적인 보도를 당한 이후, 다이애나는 왕실이 처놓은 장막을 걷고 진실을 말하기로 했다. 책이야말로 그녀의 입장을 공정하게 드러내고, 대중에게도 잘 보일 방법이라고 그녀는 생각했다. 스미스에 따르면, 그 책은 '실화'라는 이름이 붙었지만 사실상 다이애나의 감정적인 관점에서 사건을 구성한 데 지나지 않았다. 심리치료, 점성술 서적, 대체의학 치료사들은 그녀의 왜곡된 시각에 크고 작은 힘을 실어주었다. 결국 《다이애나: 그녀의 실화》는 1992년 6월에 출판되었다.

이쯤에서 스페인 사건이 허술했던 우리 가족 관계를 어떻게 무너뜨렸는지 되짚어보자. 그러면 우리는 왕가의 비밀을 낱낱이 공개하는 책이 출간되고 나서 버킹엄 궁전이 어떻게 무너졌을지 가늠해볼 수 있을 것이다. 책이 나왔지만 아무도 거기 있는 말들을 믿지 못했다. 어떤 부분은 다이애나 본인조차 믿지 못했을 것이다. 그녀는 자신에게 거짓말을 했다. 질문을 하는 사람들에게도 거짓말을 했다.

당신은 그런 유형의 거짓말을 이미 알고 있다. 자신의 어리석은 행동에 심한 충격을 받으면, 스스로가 한 짓을 부정하게 된다. 찰스는 다이애나에게 책 내용이 허구이며 부정확하다고 주장하는 탄원서에 서명해 줄 것을 요구했다. 하지만 다이애나는 서명하지 않았다. 어차피 법적인 효력도 없었겠지만.

주변인들에 따르면, 다이애나는 몇 주 동안이나 울면서 지냈다고 한다. 찰스가 처음으로 신문에서 책의 발췌문을 읽고 그녀와 대화를 시도했을 때, 그녀는 런던으로 달아나버렸다. 출판사 사람들과도 연락을 끊었다. 그녀는 고립되어 갔다. 자신 외에 탓할 사람이 아무도 없었으니 격정의 소용돌이에 빠져들 수밖에 없었다.

"정말 어리석었어. 그 따위 책을 쓰도록 허락했으니. 상황을 나아지게 만들 최선의 방법이라 생각했는데. 하지만 이제는 온갖 끔찍한 문제를 일으킨, 완전히 멍청한 짓거리가 되었잖아."

다이애나는 친구인 데이비드 퍼트남과 저녁식사를 하면서 이렇게 탄식했다. 그러나 스미스에 따르면 공개적으로 다이애나가 사과한 적은 없었다. 필립 공은 그의 며느리에게 편지를 보냈다. 다이애나가 겪은 어려움을 공감하며 찰스에게도 잘못이 있었음을 인정했다. 그러면서도 약간의 질책을 곁들여 책 내용에 대해 이의를 제기할 것을 호소했다. 그러나 다이애나는 답장의 초안을 작성할 변호사를 고용할 정도로 방어적이었다. 결국 책이 출간된 지 6개월 만에, 존 메이저 총리가 왕실 성명을 통해 찰스 왕세자와 다이애나의 원만한 결별을 공식 발표했다.

만약 다이애나가 책에 대해 책임을 질 수 있었다면, 기분 내키는 대로 굴었음을 고백하고 사과할 수 있었다면, 마음의 상처를 회복하고 엉망이 된 결혼생활을 바로잡을 수 있었을 것이다. 그러나 그녀는 그러지 않았다. 4년 후에 진행된 BBC 방송의 파노라마 인터뷰에서도 실수하면서 더 많은 스캔들에 시달리게 되었다. 심지어 여왕이 직접 나서서 이혼을 요구하기까지 했다.

사과하기는 힘들다. 우리는 상처를 받거나 죄책감을 느끼면 나아가 맞서기보다는 뒤로 물러서려고 한다. 하지만 관계의 성공과 실패는, 실수를 인정하는 능력에 달려 있다.

1986년 심리학자인 존 가트맨과 로버트 레벤슨은 워싱턴 대학 캠퍼스의 한 아파트에서 실험을 했다. 그들은 먼저 수백 쌍의 부부들을 초대해서 갈등을 15분 안에 해결해보라고 요청했다. 그런 다음 부부들 사이의 상호작용을 바탕으로 어떤 부부가 화목할 것인지, 어떤 부부가 이혼할 것인지 예측했다. 9년 후에 실제 나타난 결과를 확인해보니, 예측한 내용의 90%가 맞아떨어졌다.

이혼한 부부 대다수는 화목한 부부들보다 논쟁 해결에 오랜 시간이 걸렸다. 싸운 뒤 몇 시간, 길게는 며칠 동안이나 혼자만의 생각에 빠졌기 때문이다. 그러나 잘 사는 부부들은 싸울 일이 생기면 바로 바로 싸우고, 싸움이 끝나면 곧바로 사과했다. 만약 당신이 배우자에게 사과하고 올바르게 의사소통하는 법을 익힌다면 삶의 다른 관계, 당신이 쉽게 통제할 수 없는 관계에까지 그 방법을 적용할 수 있다.

가족을 향한 진심어린 노력

친구나 연인과 달리 당신은 가족을 선택할 수 없다. 가족은 단지 우리와 같은 유전자 풀을 공유할 뿐이다. 가족 관계가 인간관계의 궁극적인 시험장이 되는 이유이다. 우리는 일생 동안 최악의 기분을 *끄*집어내는 사람들과 더불어 소통하고, 함께 살아가려고 노력해왔다. 가족끼리 사랑해야 한다고들 말하지만, 뭘 하려고만 하면 족족 반기를 드는 사람들에 대해서는 인내심을 발휘할 수가 없다.

우리 대부분은 사춘기를 지나는 동안 가족과 지겹도록 다투었다. 그러나 가족들과 긍정적이고 건설적인 사이로 지내길 바란다면 과거의 역학 관계에서 졸업하는 법을 배워야 한다. 과거의 고통과 현재의 불안이 가족들 사이에 떠돌도록 방치하지 말자. 가족은 항상 그곳에 있을 테니. 가족이 쉽게 끊을 수 없는 관계라는 점은 명절 때마다 당신을 괴롭게 할 수 있지만, 그러한 관계의 정서적인 강렬함을 이용해서 가족 관계를 조금씩 바꿔나갈 수도 있다. 당신은 가족 외의 사람들이라면 모두 알고 있는 그 멋지고 사랑스러운 여성, 당신 본연의 모습을 가족들에게 보여줄 수 있다.

자신이 지금 어떤 역할에 갇혀 있는지를 이해하고, 자동적으로 튀어나오는 반응을 통제하는 법부터 배워보자. 책임감을 가지고 솔직하게 의사소통을 할 수 있게 되면, 당신은 '그들이 여러분에게 간절히 보여주고 싶어 하는 면'을 틀림없이 보게 될 것이다.

기분 여섯

· ·

당신의 몸을
존중하라

건강한 몸을 지키는 데에는 즐거운 마음만한 게 없다.

_앤 브론테 Anne Brontë

몇 달 동안 계속 상태가 안 좋았다. 잠도 못 자고 식욕도 잃었다. 체중은 45킬로그램으로 크게 줄어 있었다. 살이 빠졌다는 스트레스 탓에 살이 더 빠지는 것 같았다. 새벽 두 시까지 침대에 누워 몸을 뒤척였다. 실수했던 일과 잘못한 일들이 재미없는 영화처럼 머릿속에서 반복 재생되었다. 커튼 사이 빛이 나를 깨워주길 바랐지만 결국 여덟 시 삼십 분이 되어서야 침대에서 일어났다. 새벽 세 시에 자포자기해서 자낙스를 복용한 탓일까. 침대 밖으로 나오기 위해 안간힘을 썼고, 억지로 화장실 거울 앞에 섰다. 엉망진창, 아무리 노력해도 소용없는 날일 터였다. 부엌으로 들어가 커피를 따랐다. 영혼의 밑바닥에서 무엇인가가 부글거리고 있었다. 어부가 물고기 입질을 느끼는 듯 불쾌함을 감지했지만 외출을 해야 했다. 메트로폴리탄 대로를 건너서 지하철역으로 발걸음을 옮겼다. 트럭이 지나갔다. 돌아가는 엔진 소리가 어린아이가 비명을 지르는 소리 같았다. 모두가 아무렇지도 않게 걸어가는데 나는 귀를 틀어막아야 했다. 소설가 진 리스가 "조심하고 또 조심해야 한다. 오늘 나는 갑옷을 집에 두고 왔다."고 말했을 때 이런 느낌이었을까?

유리문을 열었을 때 커다란 흰색 대리석 블록 뒤에 안내 직원인 셰리가 없다는 사실에 안도했다. 샘이나 켄드라와는 달리 그 사람과 친하지 않았고, 여유로운 마음으로 누군가와 잡담할 기분도 아니었기 때문이다. 살 빠졌다는 말을 듣는 게 지겨워서 7월 중순에도 긴 소매에 긴 바지 차림으로 돌아다니느라 쩔쩔매는 중이었다. 모든 것이 눈에 거슬렸다. 나의 연약함을 아무도 눈치 채지 못하기를 바라면서도 동시에 누군가 나에게 괜찮은지를 물어봐 주었으면 싶었다. 할 말을 꾹 쟁여놓고 있었기에 모조리 쏟아내고 싶었다.

직원회의에서 맞은편에 앉은 켄드라가 내게 평소와는 좀 다른 것 같다고 말을 건넸을 때도 놀라지 않았다. 정신적 늪 속을 헤맬 때면 늘 그렇다는 걸 알고 있었기 때문이었다. 움푹 들어가고 다크서클이 번진 눈. 십 년은 늙어버린 것 같은 기분. 마치 싸움을 기다리는 것처럼 내 안의 어린아이는 분노로 몸부림치고 있었다.

샘과 함께 열차를 타고 브루클린으로 가는 길에, 나는 내면아이가 울고 싶어 한다는 것을 알아차렸다. 차라리 큰 소리로 엉엉 울어버렸으면 좋으련만. 지하철 손잡이를 잡고 선 채로 덜컹이고 있을 때, 샘이 옆에서 불쑥 말을 걸었다.

"신혼여행 안 갈 거야?"

"아마도? 모르겠어. 결혼식 이후 계속 바빠서 안 갈지도 몰라."

나는 밋밋한 말투로 대꾸했다.

"아이 계획은? 아이 가질 생각이야?"

가장 예민한 문제를 일부러 자극하려고 한 건지 아니면 순전히 스물두 살의 순진함이었는지, 결코 알아낼 수 없으리라. 내가 아는 거라곤 "언젠가는 그러겠지."라고 대답했을 때, 샘이 지하철 광고를 바라보면서 "흥미롭네."라는 반응을 보였다는 것뿐이다. 샘은 계속해서 비쩍 마른 내 몸을 가리키며 말했다.

"셰리는 네가 너무 말라서 '거기'에 문제가 있을 거라고 생각하던데."

"지옥에나 가라고 해!"

눈물이 왈칵 쏟아져 내렸고, 사람들은 우리를 힐끔거렸다. 샘은 해명하려는 듯한 표정을 짓고 있었지만 영혼의 밑바닥에 있던 뭔가가 치밀어 오르고 있었다. 앞쪽에 앉아 있던 남자가 보던 책 위로 눈물이 계속 떨어져서 페이지를 흠뻑 적실 정도가 되자, 그 남자는 내게 자리를 양보했다. 샘은 계속해서 사과했다.

"그런 뜻이 아니었어."

샘은 나를 안심시키려고 애썼다. 갑작스러운 한 방이었다. 아주 얇은 종이에 베인 상처처럼, 필요 이상으로 고통스럽게 느껴졌다. 나는 울음을 그치지 못했고, 샘은 베드포드 역에 내릴 때까지 검은 창밖만 바라보고 서 있었다. 집까지 가는 동안 내내 울었다. 뜨겁고 달콤한 눈물이었다. 울고 있었지만 어쩐지 행복한 기분이었다. 한바탕 난리가 끝나버렸다는 안도감이 들었던 것이다.

하지만 실제로는 그렇지 않았다. 다음날에도 똑같은 느낌으로 일어나고 만 것이다. 샘과 마주칠 일이 없어서 다행이었지만 꼬인 부분은 그대로였다. 그 기분은 이유도 없고 설명도 없이 여전히 마음을 지배하고 있었다. 하늘은 여전한 잿빛. 마침내 화장실에 가서, 너무나 익숙한 여자들만의 붉은 자국을 확인하고서야 내가 왜 그랬는지를 깨달았다.

당신이 몸을 존중해야 하는 이유

잠깐만, 생리 끝나지 않았었나? 달력에 기록해 두지 않아서인지, 아직도 한 달에 한 번씩 피를 흘린다는 현실이 비현실적으로 보여서인지, 항상 주기를 알기가 힘들었다. 마침내 주기를 계산하고 나자 매번 왜 그렇게 당황했는지 깨달았다. 나는 한 달에 두 번이나 생리를 하고 있었던 것이다.

두 달 후에야 산부인과를 찾아갔다. 의사 가운을 입은 남자들이 지나다니고 있었다. 그 때 큰 키에 매력적인 턱을 가진 금발의 젊은 의사가 걸어 나왔고, 저 의사만큼은 피하기를 기도했다. 지금은 잘생긴 산부인과 의사를 감당할 수 없었으니까. 마침내 턱인지 목인지 구분이 안 되게 주름이 늘어진 85세 의사가 내 이름을 불렀을 때 기도는 이루어졌다.

의사는 내 소변 컵에 하얀 검사지를 꽂았다. 한 달에 두 번이나 생리한다고 말하자, 의사는 언제부터 그랬는지를 물었고 나는 몇 달 된 것 같다고 답했다. 3분이 흘렀다. 임신하지 않았다는 결과가 나왔다. 본격적인 진찰이 시작되었다. 의사는 그리 심각한 현상은 아니라고 말했다. 단지 프로게스테론이라는 호르몬이 부족해서 혼란을 느낀 몸이 두 개의 난자를 만들어냈기 때문이라고 했다. 스트레스 때문에 나타날 수 있는 흔한 현상이며, 약으로 치료가 가능하다고 덧붙였다. 흔한 현상이라니?

의사의 말은 마지막 한 방처럼 느껴졌다. 약을 먹어야 하고, 관리를 해야 한다고? 내 몸이 제대로 된 기능조차 수행하지 못한다는 뜻으로 들렸다. 삶은 엉망이 되었고, 몸도 그 뒤를 따라가고 있었다. 아니, 어쩌면 몸이 망가졌기에 삶이 망가진 건지도 몰랐다. 몸과 마음은 연결되어 있으니까. 스트레스를 받아서 잠을 자지 못했고, 그래서 생리를 한 달에 두 번이나 하는 거고, 호르몬 과다 분비로 불안이 심해져서 잠을 못 이루게 된 것이다. 모두 서로 관련이 있었다. 몸, 마음, 기분. 그것들을 전부 이해하지 않고서는 하나라도 고칠 수 없겠구나 싶었다.

미국의 신경과학자 캔디스 퍼트는 저서 《감정의 분자》에서 우리의 신체적 건강과 정서적 건강이 서로 연관되어 있다며 의료 행위를 더욱 전체적인 관점에서 접근해야 한다고 주장했다. 퍼트에 따르면 실패, 실망, 아픔, 상실 등 우리의 모든 안 좋은 기억은 심신이라 불리는 곳에 누적되었다가 악화되어 각종 질병과 뜻 모를 신체 변화를 일으키곤 한다. 그는 모든 질병에 이런 심신상관적인 요소가 있다고 했다.

기분에 이유를 찾을 수 없을 때가 있다. 어떤 사람이나 사건 때문이 아니고, 과거나 미래 탓도 아니다. 그저 나에게서 우러나오는 종류의 감정이 있다. 이런 감정을 알아채는 데 가장 오랜 시간이 걸렸다. 스스로의 기분을 분명하게 알아챌 수 있는 때에도 신호를 무시해왔기 때문이다. 자기 자신을 이다지도 모르고 살았다는 사실이 부끄러웠다. 몸 하나 제대로 간수하지 못해서 제대로 자지도 먹지도 생리하지도 못했다고 생각하니 더욱 그랬다. 철이 들 시간이었다. 숨어있는 문제를 들춰내고 진단을 내려야 했다. 미국의 현대무용가 마사 그레이엄은 우리 몸에 대해 이렇게 표현했다.

"여러분의 몸은 첫 번째이자 마지막 옷입니다. 삶을 시작하면서부터 삶을 떠날 때까지 입는 옷이므로 존중해줘야죠."

몸을 존중해본 적은 없었지만 이젠 때가 되었다.

몸의 변화를 인식하고 받아들여라

> 개는 현명하다. 다치면 조용한 구석으로 기어들어가서 상처를 핥고,
> 몸이 온전해질 때까지 세상에 나오지 않는다.
> _ 애거사 크리스티 Agatha Christie, 소설가

생리 주기를 정상화하기 위해서는 내 몸에 집중해야 했다. 모든 의사들이 그렇듯 그 의사도 모호하게 설명했다. 여성 해부학에 대해서 내가 자기만큼 알고 있을 거라 생각했나? 나는 내 몸 속에서 살고 있었으니, 어느 누구보다도 내 몸을 잘 알아야 했다. 그러나 서른이 가까워오고 있는데도 전혀 이해하지 못하고 있었다.

여성의 몸에 달마다 무슨 변화가 생기는지 조사하면서, 나는 브레나 토히의 인용구가 떠올랐다.

"참을성 말고 여성다움을 정의할 단어가 또 있습니까? 견딜 수 없다고 생각한 것을 우리가 견뎌내는 방식이란⋯⋯."

내 기분과 감정은 복잡한 과정을 수행하는 육체에 종속되어 있었다. 나는 그 사실을 참지 못하고 격렬하게 저항했다.

여성들 모두 어느 정도는 그렇게 생각할 것이다. 우리의 고유한 생각, 감정, 느낌에 '호르몬의 노예'라는 딱지가 붙을까봐 반사적으로 우리의 여성성을 부정해왔다. 우리는 자라면서 생리를 그리 심각하게 여기지 않도록 가르침 받았고, 그래서 우리가 생리 때 유별나게 굴지 않도록 길러졌다. 여자를 이해하지 못하는 사람들이나 그런 걸 가르친다. 만약 우리 자신에게 솔직해진다면 여성의 몸이란 복잡다단하고 엄청난 유기체임을 깨닫게 될 것이다. 우리의 신성한 권리를 깨닫게 될 것이다.

남성과 달리 여성의 신체는 매달 호르몬의 변화를 겪는다. 끊임없이 변화하는 호르몬 주기 때문에 여성들은 임상 시험에서 배제되곤 한다. 체내에서 신약이 신진대사 하는 데 걸리는 시간을 예측하기 어렵기 때문이다.

반 년 동안이나 두 배의 생리를 하고 있었지만 나는 최근까지도 그런 게 있는지 몰랐다. 생리 전 증후군(PMS)을 받아들이는 건 이가 아픈 이유가 충치 때문이라거나 옆구리의 욱신거림이 맹장염 탓이라는 것과 조금도 다를 게 없었다. 다른 신체적 고통처럼 실재하는 현상이었으니까 말이다.

여성 호르몬은 생리 주기가 진행되는 동안 크게 변하는데, 두 번에서 네 번까지 변한다. 임신 기간을 제외하면 그토록 급격한 변동을 겪는 때는 없다. 에스트로겐 수용체로 가득 찬 여성의 피부는 에스트로겐과 프로게스테론 수치에 따라 큰 변화를 겪는다. 표면에 지질이 과도하게 축적되어 잡티가 생기고 기름기가 도는 것이다. 우리가 다른 사람이 된 것 같다고 느끼는 건 실제로 안팎에서 다른 사람이 되어버리기 때문이다.

생리 일주일 전, 식욕이 치솟고 단것이 당길 때면 우리의 유지칼로리(일일 총 에너지 소비량: 옮긴이 주)와 인슐린 저항력이 증가한다. 이 단계는 배란기 중 황체기에 해당하며, 여성의 75%가 이때 생리 전 증후군을 경험했다고 응답했다. 이 기간 동안 여성들은 다른 어떤 단계보다 더 부정적인 영향을 받으며, 생리학적으로 반응성이 높아진다. 또한 이 단계의 여성들에게 인지력 테스트를 수행한 결과, 주의력과 경각심을 필요로 하는 업무에서 더 많은 실수를 저질렀다.

피부를 벗어던지고 싶은 욕망, 들뜬 감정적 상태, 안절부절못하는 행동. 그 모두가 여성성의 일부였다. 달마다 찾아오는 주기 때문에 벌어지는, 피할 수 없는 부작용이었다. 기분과 감정이 때로 신체적 변화 때문임을 인정하는 일이 그렇게 나쁜 일일까? 혹시 당신은 자신을 포함한 다른 사람에게 기분 변화를 숨기고 있는가? 며칠 동안 예민해진 것이 단지 화학 구조의 변화 탓일 수 있다는 사실을 알고 있는가? 그러니 저항하려고 애쓰기보다, 그냥 받아들이는 건 어떨까?

받아들인다는 건 자신의 몸을 존중하겠다고 선언하는 것이다. 새삼 생리한다고 놀랄 나이는 아니었다. 몸을 다시 정상 궤도에 올려놓기 위해, 의사는 구체적으로 지시했다.

"생리가 끝나면 곧바로 약을 드십시오. 지금으로부터 2주 후에 하게 될 두 번째 가짜 생리 말고, 그 다음에 시작하는 진짜 생리를 위해 주의를 기울여야 합니다."

내 몸에 새로운 역사를 쓰기 위해서 달력을 사서 생리 주기를 기록했다. 정상적인 순환 과정에서 벗어난 일은 나를 각성하도록 만들었다. 다시는 망치지 않을 거야. 진지하게 받아들일 거야. 여성이라는 이 직무를.

앱을 다운로드하니 관리하기가 한결 쉬워졌다. 내 주기가 시계처럼 작동하는 걸 확인하면서 여성으로서 새로운 힘을 느꼈다. 생리가 다가오면 자부심이 느껴졌다. 파도에 맞서지 않았으며, 파도에 올라탈 수 있었다. 리듬과 루틴을 만들었다. 삶에서 번번이 놓쳐 왔던 것들이었다.

어떤 일이 일어났는지, 그 일이 왜 일어나야 했는지 완전히 이해했다. 이전에 이해되지 않았던 감정들은 두려워하지 않게 되었다. 감정이 흔들리는 날이면 생리주기표를 들여다보며 그렇게 될 수밖에 없었다는 사실을 납득했다. 자연스럽고 불가피한 현상일 뿐이었다. 내 몸의 흐름을 이해하게 되자 편안함이 자리 잡기 시작했다.

그것은 예전에 로사리오가 주었던 가르침이었다. 로사리오는 마드리드에 방 두 개짜리 아파트를 가지고 있었다. 나는 그녀와 6개월 동안 함께 살았다. 그렇지만 그녀의 삶에 대해서는 거의 알지 못했다. 왜냐하면 그녀는 영어를 할 줄 몰랐고, 나는 스페인어가 서툴렀기 때문이다. 우리의 대화는 보다 높은 차원의 의사소통을 요구했다. 당시 로사리오는 마흔 다섯 살이었고, 결혼을 하지는 않았지만 일생일대의 사람을 만나고 있었다. 하지만 그 남자가 사과였다면 그녀는 오렌지였으므로 이루어질 수는 없었다. 로사리오는 가족 일을 돕다가 그만두고 변호사 공부를 하고 있었다. 변호사 시험까지는 8개월이 남아 있었다. 수년간의 공부가 보람 있는 일이 될지 아니면 이대로 면목 없이 집으로 돌아갈지는 시험의 결과에 달려 있었다.

로사리오는 자기 얘기를 잘 안 하는 사람이었다. 사생활도 그랬지만 자기관리를 정말 철저하게 했다. 시간 약속은 반드시 지켰다. 나는 매일 아침 여섯 시면 로사리오의 알람이 울리는 소리를 들었다. 알람 소리는 절대 두 번 울리는 법이 없었다. 알람을 끄고 나서 그녀가 다시 눈을 붙이는 일도 없었다.

내가 일어나면 늘 아침식사가 준비되어 있었다. 삶은 달걀과 빵 한 덩이, 그리고 잼. 매일 똑같은 메뉴였다. 잠이 덜 깬 채 무거운 다리를 질질 끌며 식사를 마치고 나오면 그녀는 이미 거실이 사무실이라도 되는 양 집중해서 공부를 하고 있었다. 로사리오는 사교 활동, 술 마시기, 할 일 미루기 따위를 싹 무시하는 내면의 추진력을 가지고 있었다. 내가 딱 붙는 빨간 ASOS 드레스를 입고 캐피탈 클럽이나 라 라티나의 바에 놀러가려고 할 때마다 그녀의 성실함은 나를 부끄럽게 했다. 그녀는 언제나 엄마 같은 표정으로 나를 보며 어디로 가느냐고 묻고는, 그렇게 짧은 옷을 입으면 추울 거라고 말하곤 했다. 다음날 아침 돌아와 보면 로사리오는 내가 집을 나갈 때 있었던 자리에 그대로 앉아 있었다.

그러던 어느 날 오후 낮잠을 자려고 집에 돌아왔더니 로사리오가 소파에 앉아 있었다. 스페인 드라마까지 켜둔 채였다. 무릎에는 뜨거운 차 한 잔과 반쯤 먹은 비스킷 상자가 놓여 있었다.

"규칙."

그녀는 말했다.

나는 더 어려운 단어가 들려오기 전에 이해했다는 듯 고개를 끄덕였다. 스페인어로 '주기'라는 단어와 '규칙'이라는 단어가 동음이의어라는 사실은 꽤 흥미로웠다. 6개월 동안 나는 여섯 번 로사리오가 몸의 규칙을 실천하는 장면을 보았다. 같은 스페인 드라마,

같은 차, 같은 비스킷. 내가 그 순간을 포착하면 항상 같은 단어가 돌아왔다. 규칙. 그건 로사리오의 전용 공휴일과도 같았다.

몸이 할 수 있는 일을 이해하고 받아들이자 비로소 몸을 존중할 수 있게 되었다. 내 몸이 믿을 수 없을 정도로 복잡한, 생물학적인 기적임을 인정하고 몸이 나를 예민하게 만든다는 것 또한 받아들였다. 여성이라는 대가를 피로써 치러야 하는 만큼, 전투를 치르기 전에 스스로 양분을 채워 넣어야 했다.

회사를 쉴 수도 없고 의무를 멈출 수도 없지만, 나 자신에게 휴식을 줄 수는 있다. 슬프거나 화가 나면, 이런 감정들을 여성성을 발현하기 위한 필수적인 시험이라고 생각함으로써 스스로를 달랠 수 있다. 집으로 가서 상처를 치료하면 된다. 몸의 규칙은 스스로를 돌보고 나서, 다시 온전해지면 그 때 세상에 나가라는 말을 우리에게 속삭여준다.

당신이 잠 못 드는 이유

> 내게 맞는 시간은 밤이다. 낮은 별로다.
>
> 나는 아침형 인간이 아니다… 오후를 즐기는 사람도 아니다.
>
> _프랜 레보위츠 Fran Lebowitz, 작가

수면도 생리 문제와 다를 바 없었다. 다른 사람들에게는 자연스럽고 쉬운 일이었겠지만, 나는 할 수 없었다. 도대체 뭐가 문제인 거지? 세상이 나를 버리는 것 같은 느낌이 싫었다. 어두운 방에 혼자 덩그러니 누워있는 게 두려웠다. 밤 시간은 24시간이라도 되는 듯 길게 느껴졌다.

한 번도 잠을 제대로 자 본 적이 없었다. 고등학교 때부터 밤마다 침대에서 노트북을 하는 버릇이 있었으니까. 하지만 뉴욕으로 이사한 후 불면증이 더욱 심해졌기에 그런 짓은 그만둬야 했다. 수면제를 써야 할 판국이었다.

제이는 힘들이지 않고 잘도 잠든다. 나는 반대였다. 베개에 머리를 대는 순간 몸이 강력한 저항의 신호를 보냈다. 남자들은 상대적으로 신경을 덜 쓰기에 여자보다 더 빨리 잠든다는 신문 기사를 어디선가 읽은 적이 있다. 잠든 제이를 바라볼 때마다 그 기사가 떠올랐다. 재빨리 태세를 전환하여 하루 동안의 스트레스를 잠재우는 모습에 왠지 모를 배신감마저 느꼈다.

내가 아는 여성들은 대부분 수면에 대해서 나처럼 고민하고 있었다. 엄마도 그랬다. 밤에 부모님 침실 앞을 지나갈 때면 엄마는 언제나 일어나서 앉아 있었고 얼굴에는 TV에서 뿜어져 나온 불빛이 반사되고 있었다. 새벽 2시에 몰래 집에 들어갈 때에도 엄마는 깨어 있다가 주의를 주셨다.

수면과학 전문가인 짐 혼 교수에 따르면 여성은 아이를 돌보고, 집안일을 하고, 공과금을 납부하는 등 한 번에 여러 가지 일을 하는 경향이 있다. 이는 뇌를 과도하게 혹사해 더 많은 휴식 시간을 요구한다. 멀티태스킹은 추진력을 높여주지만 더 긴 휴식을 필요로 한다. 여성이 남성보다 잠들지 못할 가능성이 2배 이상 높은 이유도 그 때문이다. 생리 전 단계에서 분비되는 코르티솔의 증가도 이유 중 하나이다. 스트레스를 받을 때 생성되는 것과 동일한 호르몬이 밤새도록 우리에게 분비되어 신경을 긁는다.

수면이 중요한 영향을 미친다는 건 이해했다. 그러나 수면 습관을 어떻게 고쳐야 하는지는 도무지 감이 오지 않았다. 잠을 잘 수 없는 것이 두려워서, 진짜로 잠을 잘 수 없는 기묘한 악순환이 반복되었다.

불면증은 이런 아이러니를 기반으로 한다. 하버드 대학의 심리학 교수인 다니엘 웨그너는 뇌가 자신에 대한 생각을 멈추지 못하기 때문에 불면증이 생긴다고 주장했다. 우리가 잠을 자지 못해 걱정할수록, 뇌가 우리를 가만히 내버려두지 않는다는 것이다. 불면증에 걸린 사람은 잠이 필요하다는 사실에 대해 끊임없이 스트레스를 받게 되고, 그로 인한 스트레스는 점점 악화된다.

불면증 치료를 10년 동안 연구해온 찰스 모린 역시 불면증의 내적 원인을 강조했다. 그는 불면증이 불안에 대한 두려움에서 비롯되었다며 치료법은 외부가 아니라 내부에 있다고 믿었다. 모린은 치료를 시작하기 전에 환자들에게 수면의 질을 높여줄 수 있는 생활습관과 주변 위생을 점검하라고 요청했다. 그는 제대로 잠들기 전에 식습관, 운동량, 온도, 조명 등과 같은 관련 요인을 조절해야 한다고 믿었다. 말끔하게 치워진 상태에서 시작해야 한다는 것이다. 수면을 방해하는 근본적인 요인을 제거하지 못하면, 불면증 치료를 받더라도 소용없는 노릇이었다. 물론 그건 내가 이미 시도해 본 것들이었다.

오전 10시 이후 카페인 금지, 알코올 금지, 운동량 늘리기, 자기 전엔 노트북 금지. 며칠 동안은 규칙을 정해서 변화를 시도하곤 했다. 빛을 차단하고, 백색소음을 사용하고, 명상을 했다. 그러나 어떤 방법을 시도해도 무의식 상태로 곧장 빠져들지 못했다. 주변 환경이 아니라 정신적인 문제가 원인이었다. 블루라이트가 수면을 방해한다지만 그마저도 없으면 나는 너무 무서웠다. 수면 습관을 고치기 위해서는 더 큰 문제부터 고쳐야 했다. 생각에 대한 두려움, 외로움에 대한 두려움, 또다시 실패할지 모른다는 두려움…….

모린의 연구는 자신의 행동을 인지함으로써 잘못된 믿음을 감소시킬 수 있다는 사실을 가르쳐주었다. 가령 수면에 대한 비현실적인 기대(나는 매일 밤 8시간을 자야 한다), 수면의 영향력에 대한 과장된 생각(나는 불면증 때문에 죽게 될 것이다), 불면의 원인에 대한 잘못된 가정(내가 이런 고통을 겪는 건 유전 때문이다) 따위의 믿음은 우리를 불면증이라는 악순환에 갇히게 만든다. 마침내 수면유도제를 모두 끊고 어둠을 마주하기로 결심했을 때, 두려움이 무엇이며 그것을 어떻게 극복해야 하는지 답이 보이기 시작했다.

꿈꾸는 것을 일이라고 생각하라

> 맞아, 나 악몽을 꿨어. 아이들이 그러는 것처럼.
>
> 살아있음에 익숙해지려면 원래 시간이 좀 걸리는 법이야. 게다가 꿈이
>
> 아니라면 어떻게 대낮의 빛에 가려져 있는 세상을 볼 수 있겠어?
>
> _ 데보라 아이젠버그 Deborah Eisenberg, 작가

잠들기를 싫어했던 이유 중 하나는 꿈이 무서웠기 때문이다. 눈을 감았을 때 불편한 시나리오에 내동댕이쳐질 수 있다는 게 싫었다. 통제할 수 없다는 게 싫었다. 무엇보다도 헬스장 가방에다 쉰내 나는 운동복을 넣고 집에 돌아올 때처럼 꿈에서 받은 느낌을 현실로 가져온다는 게 싫었다.

사람들이 꿈을 기억하는 이유는 다양하다. 연구에 따르면, 꿈을 잘 기억하는 사람들은 상상력, 창의력, 자기 성찰에 몰두하는 반면 꿈을 기억하지 못하는 사람들은 자신의 내면보다는 외부 사건에 더 집중한다. 또한 수면 패턴이 불규칙한 사람들은 꿈을 꾸는 동안 깊이 잠들지 못하는 탓에 꿈을 더 많이 기억한다. 만약 내가 꿈을 기억하지 못하는 사람이었다면 수면은 별 문제가 되지 않았으리라. 하지만 나는 꿈을 기억하는 사람들 중 하나였다. 그게 뒤집히는 일은 거의 없을 것이다.

다만 꿈이 좋은 것만은 아니란 걸 알고 나자 인식이 변했다. 꿈은 우리를 즐겁게 해주고, 기발한 세계로 이끌기 위해 존재하지 않

는다. 꿈은 뇌가 일하면서 생기는 현상이다. 우리가 낮 동안 다루지 못했던 감정의 응어리를 처리하는 것 말이다.

우리는 하루에도 수백 번의 만남과 어색한 순간들을 경험한다. 그러나 우리는 이런 다양한 감정들을 한꺼번에 처리할 수 없다. 그래서 꿈이 필요하다. 수면연구가 로잘린드 D. 카트라이트에 따르면, 꿈은 우리의 감정적인 부담을 분산시켜서 잠자는 사람이 좀 더 긍정적으로 사물을 볼 수 있도록 돕는다.

꿈은 달콤한 마법이 아니다. 마치 난장판을 청소하려고 한밤중에 쳐들어오는 대원들과 같다. 우리의 뇌는 종일 받은 가벼운 마음의 상처, 쓰레기 같은 기억들을 불러옴으로써 미해결된 채 남아 있는 정서적 갈등을 해결하려고 노력한다. 그러나 정확하게 기억을 불러올 수 없기에 비슷한 느낌을 가진 새로운 사건을 만들어 낸다.

만약 당신이 꿈속에서 남편의 자동차 타이어를 펑크 냈다면, 실제로도 그와 같이 행동하고 싶었거나 그런 식으로 반응하게 만든 사건이 있었을 것이다. 어쩌면 남편이 당신에게 했던 날카로운 말들이 꿈에서 칼로 대신 표현된 것인지도 모른다. 아니면 당신의 인생에서 중요한 위치를 차지하고 있는 남성이 마음에 상처를 주었지만, 당신은 대응하거나 보복할 수 없었을지 모른다. 꿈을 통해 당신은 그에게 복수를 한 것이다. 그것이 아침마다 누군가에 대한 이상한 감정으로 일어나고 때로는 집착하는 이유이다. 이제 나는 꿈이 나를 돕기 위해 존재한다는 것을 이해한다. 꿈은 내가 다루고 싶지 않은 기분을 해소하기 위해 존재하는 것이다.

아침형 인간 vs 저녁형 인간

나는 불안의 원인을 제이에게 돌리곤 했다. 함께 사는 5년 내내 제이에게 내 인생의 목표는 방 두 개짜리 집에 살면서 나만의 공간을 가지는 거라고 말해왔다. 심지어 나는 우리가 멕시코의 부부 화가 프리다 칼로와 디에고 리베라 같은 사이이기를 원했다. 다리로 연결된 두 집에서 각자의 삶을 사는 것 말이다. 침실을 따로 쓰는 부부들은 더 화목하며 더 오랫동안 결혼생활을 유지한다는 기사를 읽은 적이 있다. 몸을 심하게 뒤척이거나 코를 고는 것처럼 배우자만의 특정한 잠버릇이 있다면 우리는 수면에 방해를 받으며, 무의식적인 적대감까지도 생겨날 수 있다.

제이가 일찍 자도록 강요하는 것도 불만이었다. 제이는 아침형 인간이었고 나는 저녁형 인간이었다. 나는 원래 밤에도 불을 켜고 일을 하는 스타일이었다. 제이의 생활패턴은 나의 자연스런 리듬을 방해하는 게 분명했다.

그러나 이 이론은 제이가 출장을 가 있는 동안 무너지고 말았다. 나는 9시쯤 혼자 침대에 누워 넷플릭스를 틀었다. 그리고 새벽 1시까지 드라마 〈그레이스 앤 프랭키〉의 전 시즌을 말똥말똥한 정신으로 정주행하는 자신을 발견했다. 나만의 방에서, 나만의 침대에서 오롯이 혼자 밤을 보냈는데도 여전히 잠들 수 없었다.

모린에 따르면 내가 밤늦도록 잠이 들지 못했던 건 잠을 자려고 애를 썼기 때문이다. 스스로가 올빼미족인 줄 알면서도 제이와 같은 시간에 잠들기 위해 불을 끄고 온갖 쇼를 했다. 억지로 잠을 청하면 오히려 역효과가 일어난다는 것을 다시 한 번 깨닫는 순간이었다. 나는 밤 9시에 억지로 잠을 청하는 습관을 그만두었다. 그러자 밤 시간을 사랑하는 마음도 조금씩 살아나기 시작했다.

차라리 밤에 놀아라

제이가 출장에서 돌아와 거실 소파에서 자겠다고 했을 때, 나는 내가 소파에서 잘 거라고 했다. 매일 밤, 잠자리에 들 때 나도 모르게 느꼈던 죄책감 때문이었다. 나는 제이가 뒤척일 때마다 걱정스러웠다.

거실에 있으면 올빼미족의 기질을 발휘할 수 있었다. 촛불을 켜고, 재즈를 듣고, 일기를 쓰고, 책을 읽었다. 온전히 혼자만의 시간을 즐겼다. 그럴수록 해가 질 무렵의 불안이 줄어들었다. 당신은 혼자만의 시간이 얼마나 호사스러운 특권인지 곱씹으며 밤에 여러 가지를 할 수 있다. 혹은 침대에 쏙 들어갈 수도 있다. 밤은 당신을 위한 시간이다. 아무런 부담도, 스트레스도 없는 시간. 밤에도 언제든지 침대 위에서 좋아하는 TV쇼를 볼 수 있다. 나는 어둠과의 관계를 다시 설정했다. 밤을 두려워하는 대신, 밤이 오는 것에 설렘을 느끼기 시작했다.

잘 못 자는 사람이라는 걸 받아들여라

예전의 나는 늦은 취침시간이 건강에 안 좋은 영향을 준다고 지나치게 걱정했다. 그러나 밤이 오는 걸 좋아하게 되자 그런 걱정은 말끔히 사라졌다. 잠을 자야 한다는 강박에서 오는 스트레스는, 수면시간을 꼬박꼬박 8시간씩 채우지 못하는 것보다 훨씬 나쁘다는 결론을 얻었기 때문이다.

당신의 모든 문제가 수면 부족에서 비롯됐다고 믿는 한, 당신은 잠을 잘 수 없다. 붉은 살코기며 탄수화물의 영양학적 가치가 상대적이듯, 적당한 수면시간 또한 상대적이다. 사람들은 하루에 적어도 4~6시간의 수면이 필요하며, 대부분 10시간 이내에 잠에서 깨어난다고 한다. 10시간 이상 수면을 취하게 되면 낮 시간에도 피곤함을 느끼기 때문이다. 그러나 어떤 사람은 평균보다 더 많은 잠을 필요로 하며, 과학자들은 이런 결과가 유전학적으로 분석될 수 있다고 주장한다. 따라서 수면이 우리 기분에 영향을 미치는 것은 사실이지만, 수면이 모든 문제의 계기라고 볼 수는 없다.

금욕주의자처럼 운명을 받아들이기로 했다. 어둠 속에서 억지로 잠을 청하며 비참하게 시간을 보내느니, 밤늦게까지 뜬눈으로 지내다 장렬하게 재가 되는 편이 나았다. 나를 죽이려고 하는 것이 있다면 어차피 나는 죽을 것이다. 수면 부족은 그냥 내가 가진 악습들 중 하나일 뿐이었다. 나는 오늘도 책과 필기도구로 무장하고 거실로 나갔다. 오늘도 새벽 서너 시까지 깨어 있겠지 생각하면서.

그런데 웬걸. 그 날은 밤 열한 시도 안 되어 곯아떨어지고 말았다.

일상에서 루틴 만들기

매일 같은 시간에 같은 일을 같은 길이로 한다면,

많은 함정으로부터 스스로를 구원할 수 있을 것이다.

반복은 생존의 조건이다.

_ 플래너리 오코너 Flannery O'Connor, 작가

잠을 잘 자면서부터 술을 덜 마시기 시작했다. 1월에는 술을 마시지 않겠다고 제이에게 선언한 뒤 그 말을 지키려고 애썼다. 12월의 마지막 날에 반주 몇 잔을 곁들인 게 마지막이었다. 이젠 잠을 자기 위해 억지로 술을 마실 필요가 없었다.

물론 술이 필요한 이유는 너무 많았다. 기나긴 하루를 마무리하려고, 신경 써야 하는 일들이 너무 많아서, 또는 사람들과 즐겁게 대화하기 위해서. 금주 선언 후 열흘 정도는 제이가 오기 전에 술한 잔을 몰래 해치웠다. 잠도 잘 자고 스트레스도 줄었으니 식욕이 되살아날 거라고 생각했다. 하지만 그건 착각이었다. 하루 정도는 그런 기분이 들었지만 이틀 후엔 상황이 나빠졌다. 배가 더부룩해졌고, 뭘 먹고 싶지가 않았다. 왜 이러지? 나한테 무슨 문제라도 생긴 건가?

내 친구 클레어는 자기도 그렇다고 말했다. 몸에 문제가 있다고

생각해서 의사를 찾아갔고 가능한 한 모든 검사를 해 달라고 요청했다. 틀림없이 빈혈에 걸렸거나 특정 요소에 알레르기가 있을 거라고 생각했다. 하지만 혈액 검사는 정상이었고 설탕을 끊으라는 권고만 돌아왔다. 나는 클레어에게 물었다.

"검사 받으니까 어때?"

"글쎄, 몇 주밖에 안 지났는데, 확실히 기분은 나아진 것 같아. 그냥 심리적인 걸지도 모르지만."

"그래. 그런데 만약 몸과 마음이 연결되어 있는 거라면, 증상이 나타날 때까지는 서로 영향을 주고받지 않았을까?"

정신과 신체가 생리적으로 연결되어 있다는 주장은 날이 갈수록 확고한 지지를 받고 있다. 심지어 최근에는 우리 뇌가 장내 미생물에 의해 상당한 영향을 받는다는 증거도 발표되었다. 불균형한 장내미생물총이 우울증이나 기분장애와 강력한 연관성이 있다는 것이다.

미생물학자이자 신경과학자인 루아이리 로버트슨은 장내미생물이 우리의 신체적, 정신적 건강에 어떤 영향을 미칠 수 있는지를 수년간 연구했다. 연구를 통해서 그는 인간의 뇌가 하나가 아닌 둘임을 발견했다. 태어날 때 우리는 엄마의 질을 통과하면서 눈에 보이지 않는 미생물에 노출되어 유익한 박테리아를 듬뿍 얻는다. 이 박테리아는 대장 안에 보이지 않는 장기, 장내미생물총을 형성하며 자란다. 이것이 바로 우리의 두 번째 뇌다. 장내미생물총은 뇌와 마찬가지로 우리의 신체 및 정신 기능을 통제하는데 흥미롭게도 그 무게는 뇌 무게인 1.3킬로그램과 비슷하다.

장내미생물총은 몸 안에 살고 있는 모든 박테리아, 바이러스, 곰팡이를 일컫는다. 우리의 면역 체계와 신체 기능은 다양한 장내미생물총의 섬세한 균형에 달려 있다. 로버트슨은 몸속의 박테리아 종류에 따라 우리의 사고방식도 달라진다고 말했다.

러시아의 미생물학자 일리야 메치니코프는 장내미생물총이 인체 건강에 필수적이며, 미생물의 적절한 균형이 질병 예방에 도움을 줄 수 있다고 주장했다. 그는 19세기 중반 연구를 통해 동유럽 사람들의 장수 비결이 유산균 발효유라는 것을 밝혀냈다. 기대수명이 40세였던 시대에, 그 역시 발효유를 마시면서 71세까지 장수했다.

장내미생물총은 면역체계의 중심점이다. 장내 세균이 불균형하면 신체에 적지 않은 면역반응을 일으킬 수 있고, 이런 현상이 장기화되면 뇌 건강에까지 영향을 미치게 된다. 세로토닌 같은 뇌신경전달물질도 90%가 장에서 생산된다. 만약 장내미생물총에 문제가 생기거나, 특정한 음식을 섭취한 후에 장에서 나쁜 반응이 일어난다면 당신은 기분으로 그 사실을 감지해낼 수 있다. 메치니코프는 섬유질을 적게 먹는 것처럼 장내 미생물을 약화시키는 식습관이 만성질환과 스트레스를 유발한다고 했다. 최근 연구 결과에 따르면 체내 미생물 구성 변화는 24시간 이내에 나타나며, 특히 설탕과 탄수화물을 끊었을 때 정서적으로 안정감을 느끼는 것으로 나타났다.

나도 클레어처럼 의사를 찾아가 검사를 요청했다. 의사는 알겠다고는 했지만 그런 검사를 받기 위해 정말 수백 달러를 쓰고 싶은건지 물었다. 그는 나에게 살이 찌지 않는 이유가 무엇인지, 진짜몸에 이상이 있는지 알아보기 위해서 우선 일지를 써보라고 했다. 다음 단계로 나아가고 해결 방향을 찾을 수 있는 기준점이 될 수있도록 말이다. 자신이 먹는 음식의 종류를 기록하면 알레르기 여부를 확인할 수 있었고 기생충이나 빈혈이 있는지도 밝혀낼 수 있다고 했다. 의사는 내가 평소에 얼마나 많은 칼로리를 소비하고 있는지도 체크해 보라고 했다. 잘 챙겨 먹지 않는다는 단순한 문제라면, 식습관을 바꾸면 되니까.

식습관을 알아내기 위해 2주간 먹는 것에 훨씬 더 신경을 써야했다. 식사 시간이 불규칙하고, 끼니를 때우다시피 하고 있었다는건 금방 알아챌 수 있었다. 나는 어지럽거나 배가 고플 때만 식사를 했고, 언제 무엇을 먹는지에 대해서는 거의 신경을 쓰지 않았다. 저녁에 배가 고프지 않은 이유는 점심을 오후 2시에 먹어서였다. 그런가 하면 밤 10시에 도넛이나 컵라면 따위에 손을 댔고, 아침식사는 건너뛰거나 바나나 같은 음식을 먹으며 스스로 건강하다고 여기고 있었다.

다시 진료 날이 돌아왔다. 대기실에서 기다리는 동안 일지를 새로 작성하고 싶은 충동이 불쑥불쑥 올라왔다. 정상적인 사람으로 보이고 싶었다. 하지만 그런다고 해서 무슨 의미가 있을까? 잘못

살고 있다는 사실을 확인해야 했다. 일지는 나를 그대로 반영했다. 내 체중은 의학적인 불가사의가 아니었다.

"먹고는 있지만 제대로 먹지를 않으시네요. 점심으로 샐러드를 먹었다고 해서 좋은 점심이 되는 건 아닙니다. 다양한 영양소와 적절한 탄수화물을 섭취하지 않으셨어요."

의사는 부족한 200칼로리를 채울 수 있도록 하루에 아마씨를 두 숟갈씩 먹도록 권했다. 스무디에 넣어 먹으면 간편한 아침식사를 할 수 있다고 덧붙였다. 연어와 요구르트처럼 지방이 많고 오메가가 풍부한 음식을 더 많이 섭취하라고도 했다. 권고사항을 휴대폰 메모장에 적고는 새롭게 다짐을 하며 진료실을 나왔다.

값비싼 블라우스나 유명 디자이너의 바지를 입고 나면 옷장 전체를 바꾸고 싶어지는 것처럼, 새로운 식습관에 대해서도 똑같은 감정을 느꼈다. 나에 대한 관리를 빨리 시작하고 싶었다. 이제부턴 가장 좋은 것만 먹어야지. 내 안에 있는 나쁜 습관들은 전부 바꾸겠어.

믹서기며 아마씨, 코코넛 워터, 그리스식 요구르트를 샀다. 스무디를 만들기 위해서는 이른 시간에 일어나야 했다. 출근할 때 먹었던 단백질 바도 잊지 않았다. 아침에는 점심을 준비했고, 일요일에는 평일 저녁 식단을 계획하기 시작했다. 장 보러 가는 길이 이렇게 즐거웠었나? 뭘 먹을지 매번 고민하지 않아도 되니 기분이 좋았다. 체중은 더 이상 부담스러운 문제가 아니었다. 잘 챙겨 먹고 다니니 그냥 내버려둬도 상관없었다.

일지는 처음 생각했던 것과는 다른 효과를 가져왔다. 생리나 수면처럼, 이젠 식사에 대해 신경 쓸 필요가 없어졌다. 식사는 확실한 루틴으로 자리 잡았고, 어떤 음식을 먹어야 할지도 고민하지 않게 되었다.

단조로움은 죽음보다 나쁜 거라고 굳게 믿어왔지만, 플래너리 오코너가 지적한 것처럼 규칙적인 일상은 생존의 조건이다. 그것은 우리를 삶으로 되돌아가게 만든다. 어느새 나는 규칙적으로 생활하고 있었다. 아침이면 늘 같은 시간에 일어나 하루를 새롭게 맞이했고, 규칙적인 시간에 맞춰 건강한 식사를 했다. 수요일에만 와인을 마시도록 술에 대해서도 엄격한 기준을 세웠다. 술을 줄인 덕분에 더 좋은 와인을 구할 수 있었으므로 와인 맛도 더 좋게 느껴졌다. 설명할 수 없는 기분이 몰려오기 시작하면 설렘을 느끼곤 했다. 생리할 때가 다가온다는 뜻이었기 때문이다. 이제 내가 가장 좋아하는 초콜릿 바를 사고, 미리 예약해 둔 쇼를 보기만 하면 되었다. 인생의 모든 것은 이제 목적대로 굴러갔다. 현재는 특별했고, 마땅히 그래야 하는 것처럼 느껴졌다. 삶이 질서를 회복하자 몸에도 질서가 찾아왔다.

기분 일곱

. . . .

**예상치 못한 일에
감사하라**

모든 상황은 적절하게만 인식하면 기회가 된다.

_ 헬렌 슈크만 Helen Schucman

스물여덟 번째 생일이 되었다. 생일이 되기 며칠 전, 제이는 뭘 하고 싶으냐고 물었다. 반쯤은 내가 "없어."라고 말하리라고 기대했던 것 같다. 사실 없다고 대답을 하긴 했다. 그러나 15분 후 다시 침실 문간에 서서, 칵테일 한 잔 하고 싶다고 말했다. 그것도 더 플라자 호텔에서. 원피스에 스타킹을 신고 빨간 립스틱을 바르고, 지하철을 타고 5번가로 가서, 노란 핫도그 가판대에서 뿜어져 나오는 연기를 뚫고 센트럴 파크 모퉁이를 지나, 길 건너편 더 플라자의 붉은 카펫을 밟고 싶었다.

토요일 아침이 되자 그러길 원하는 수준이 아니라 꼭 그렇게 해야 한다는 생각이 들었다. 2월의 춥고도 칙칙한 날, 창문 밖의 풍경처럼 죽어있는 것 같은 느낌이었다. 나는 점점 작아지는 집안에 갇혀서 추리닝 차림으로 살아가고 있었다. 모험을 나서듯 마트와 약국에 다녀오곤 했다. 술집까지 가는 다섯 블록은 감옥의 마당처럼 느껴졌다. 잿빛 하늘 아래 길게 늘어선 회색빛의 콘크리트 도로. 나를 옥죄는 일상에서, 브루클린에서 벗어나야 했다. 남아있는 겨울은 광활한 황무지처럼 눈앞에 펼쳐져 있었고 더 플라자는 나에게 활력을 불어넣어 줄 부드럽고 따뜻한 빛처럼 느껴졌다. 기분 전환을 위해 열대 섬의 해변에 갈 수 없다면 더 플라자는 최고의 차선책이었다.

사람들이 디즈니 월드를 사랑하듯이 나는 호텔을 사랑했다. 호텔은 눈부시게 멋지고 안락했다. 심지어 집의 일부분처럼 느껴졌다. 처음 뉴욕으로 이사 왔을 무렵, 남자친구도 그냥 친구도 이렇다 할 직업도 없어서 외로움이 뼛속까지 스미는 날이면 호텔에 가곤 했다. 반쯤 넋을 잃은 채 회전문을 밀고 들어가 대리석이 깔린 복도 위를 미끄러지듯 걸어가서, 폭신해 보이는 고급 벨벳 소파 위에 가방을 내려놓고 휴식을 취했다.

품고 있던 부담감과 두려움은 호텔 안을 오가는 행복한 가족들의 모습과 함께 빠르게 사라졌다. 달달한 자스민 향기와 뽀송뽀송한 린넨 냄새는 영혼을 정화시켜주는 것 같았다. 천장은 부드러운 빛이 쏟아내며 나를 환영해 주고 있었다. 몇 시간이고 그렇게 앉아 있었다. 귀찮게 하는 사람도 없고, 테이블 자리를 원하는지 방이 필요한지 물어보는 사람도 없었다. 그들에게 난 손님일 뿐이었다. 객실을 이용하는 진짜 손님들처럼 편안함을 느끼도록 해야 할 대상이었다.

뉴욕의 모든 호텔 중에서, 더 플라자가 가장 좋았다. 뉴욕의 색깔과는 뚜렷이 구별되는, 민트 그린 색으로 산화된 구리 지붕이 좋았다. 센트럴 파크와 5번가 사이의 모퉁이에서 더 플라자는 웅장하고 당당하고 균형 잡힌 모습으로 자리하고 있었다. 호텔 밖은 관광 명소 특유의 열광적인 분위기로 북적댔지만 일단 호텔 안에 들어서면 내부는 정반대로 고요한 점이 마음에 쏙 들었다. 언제 어디서나 평화를 유지하는, 아주 특별한 세계였다. 항상 변함이 없었다. 더 플라자는 내가 짓눌린 듯한 기분으로 살아갈 때 삶에 대한 믿음을 새롭게 만들어 준 장소였다. 쇼핑백과 지도를 들고 돌아다니는 사람들은, 분명 이곳을 경험하기 위해 전 세계에서 찾아왔을 테니까.

　　하지만 그 순간, 그 기분이 들었다. 검은 모자를 쓴 안내원이 손을 들어 올리며 보수 공사 때문에 바가 잠시 문을 닫았다고 얘기하던 바로 그 순간이었다. 그건 붉은색 카펫이 깔린 계단을 올라가면서 느낀 흥분과는 확실히 다른 종류의 흥분이었다. 믿었던 사람으로부터 배신을 당한 기분, 뜻밖의 장소에서 발목을 잡힌 기분, 공항에서 비행기 연착 소식을 들었을 때 나를 압도했던 그 느낌과도 비슷했다. 하루 종일 친구를 기다렸는데, 마지막 순간에 친구가 약속을 취소했을 때와도 비슷했다. 그토록 바라고 원했으며 거의 손댈 수 있을 정도로 가까이에 와 있던 무엇이 손아귀를 빠져 나가는 장면을 지켜볼 때 느껴지는 종류의 고통을 느꼈다. 인생은 공평하지 않다는, 그 유치한 감정에 사로잡혔다.

기분 일곱

당신의 화가 폭발하는 이유

제이는 상황을 좀 더 알아보려고 안내원과 대화를 나누기 시작했다. 온몸에 광풍이 휘몰아치는 것을 느꼈다. 어떻게 이런 일이 일어날 수 있지? 여기까지 왔는데? 난 단지 칵테일 한 잔을 원했을 뿐이라고. 그런데 그것조차 마실 수 없다고? 별 일 아니라는 것쯤은 알고 있었다. 인생의 원대한 계획에 비하면 사소한 불편함이었지만 내겐 그보다 훨씬 더 큰 의미가 있는 것처럼 느껴졌다.

칵테일 때문이 아니었다. 더 플라자 때문도 아니었다. 내 인생에서 아무것도 제대로 되는 일이 없음에 대한 탄식이었다. 기억 속에 묻혀있던 수많은 일들이 머릿속에 떠오르기 시작했다. 책은 언제다 쓰지? 아빠 밑에서는 언제까지 일해야 하지? 평생 방 한 칸짜리 아파트에서 살아야 하나? 뉴욕에 너무 오래 있었나? 더 이상 새로운 일이 일어나지 않을 것 같았다. 더 플라자에서 마셨어야 할 그한 잔은 결코 이루어질 수 없는 또 하나의 희망사항이었다.

계단 밑에서 센트럴 파크의 죽은 나무들을 멍하니 보고 있는 내게 제이가 다가왔다. 남편의 손길이 닿자 울음이 터졌다. 제이는 나를 꼭 안아 주었다. 나는 점점 더 크게 울면서 콧물과 눈물로 그의 재킷에 얼룩을 만들었다.

"딴 데 가서 한 잔 하자."

제이는 내 손을 잡고 59번가를 따라 내려가기 시작했다. 나는 제이 뒤에서 시무룩한 표정으로 발걸음을 옮겼다. 우리는 차가운

바람을 맞으며 걸었다.

"여기 들어가서 뭘 할지 생각해 보자."

더 플라자와는 완전히 상반된 느낌의, 초록색 네온이 새어 나오는 바 앞에서 제이가 말했다. 안으로 걸어 들어가면서도 기분은 풀어지지 않았다. 그곳은 더 플라자가 아니었다. 라이브 밴드의 연주를 보려고 몸을 돌렸을 때, 시끄러운 목소리가 왼쪽 귀에 울려 퍼졌다. 반대쪽 TV에서는 스포츠 경기까지 중계되는 중이었다. 남자들이 소리를 지르고 하이파이브를 하고 구호를 외치는 동안, 제이는 용케 우리가 앉을 빈자리를 찾아냈다. 그가 주머니에서 휴대폰을 꺼냈다.

"다른 호텔을 예약해볼게."

"필요 없어." 나는 코를 훌쩍거렸다. "다 망쳤어."

바텐더가 위스키를 가지고 돌아왔을 때쯤 자기연민은 격노로 바뀌어 있었다.

"미리 좀 알아볼 수는 없었던 거야? 내가 원했던 건 더 플라자에서 한 잔 하는 것뿐이었는데, 호텔이 문을 열었는지조차 알아보지 않았던 거냐고?"

내 생일이었다고 해도 제이에게 이렇게 한 것은 지나쳤다. 다른 사람들에게는 멋진 삶의 한가운데서 느끼는 작은 불편으로 끝났을 일이다. 원하는 곳에서 술을 마실 수는 없었지만 나는 뉴욕에 살고 있었고 앞날이 창창한 젊은 남편도 있었다.

"버릇이라곤 없는 어린아이구나." 그가 말했다. "자기 인생 하나 제대로 감당 못하는 못난이야. 넌 내가 토요일 밤에 하고 싶었던 일이 겨우 이거였다고 생각해? 빌어먹을 칵테일 바에서 네가 우는 걸 지켜보는 거?"

"바 때문이 아니야!" 나는 소리쳤다. "나한텐 항상 이런 일이 일어나서 그런 거라고. 아무리 열심히 해도 되는 일이 없잖아!"

"인생은 원래 불공평해! 누구한테나 그렇지! 견뎌내야지!"

그는 자리를 박차고 나가버렸다. 남겨진 나는 더블 위스키를 두 잔째 마시면서 왜 이런 사소한 불편이 세상의 종말처럼 느껴졌는지를 곱씹었다. 여느 때처럼 과민 반응을 보였다. 또 다시 주말 저녁을 날려버렸다. 여전히 화가 가라앉지 않았다. 무엇이 나를 그토록 괴롭혔을까? 무엇 때문에 인생의 작은 사건들이 나를 공격하고 있다고 느꼈던 거지? 내가 내린 결론은 사건에 대한 인식이 잘못되었다는 것이었다.

사람들이 불쾌한 감정을 느끼는 원인을 연구하는 실험에서, 과학자들은 우리가 과민 반응을 하게 만드는 네 가지 요인을 발견했다.

1. **불공평**: 누군가에 의해서 당신이 궁지에 몰렸다고 느낄 때, 또는 누군가가 당신이 따르고 있는 사회 규정을 위반했을 때 느끼는 감정. 당신보다 늦게 입사한 동료가 당신이 바라던 승진을 보기 좋게 해냈을 때 직장을 그만두고 싶어지는 이유기도 하다.

2. 무례함: 누군가가 예의를 지키지 않을 때. 당신의 배우자가 자기 차례가 되었음에도 식기세척기를 돌리지 않을 때. 당신의 아이들이 당신의 전화를 무시하고 건방지게 굴거나 그러고도 용돈을 요구할 때. 상사가 당신 수준보다 낮은 일을 시킬 때. 계속적으로 무례함에 짓눌리다 보면 결국 폭발하게 된다.

3. 자존감 상실: 당신 자신에 대한 기대치가 어긋날 때. 예쁜 옷을 입고 나왔는데 아무도 작업을 걸지 않을 때. 프로젝트에 대해서 칭찬을 기대하고 있었는데 비판적이거나 실망스러운 반응이 돌아왔을 때.

4. 거부: 누군가가 당신을 제외한다고 느낄 때. 친구들이 당신을 빼고 저녁식사를 했음을 알게 되거나, 원하던 대학원에 불합격했을 때 참을 수 없는 그 느낌.

심리학 교수인 에드 디너와 랜디 라슨은 《인성과 사회심리학 저널》에서, 감정적 유형의 차이는 사람들이 사건을 어떻게 해석하는지와 밀접하게 연관되어 있다고 주장했다. 그들은 연구에서 참여자들에게 일주일간의 일과 그들의 모든 감정적 반응을 기록하라고한 뒤, 영향력의 정도를 측정하기 위해 참여자에게 불안감을 조성하는 이미지들을 보여주었다.

그 결과 일주일 동안 감정 반응이 많았던 사람들은 나쁜 이미지에 집착하는 경향을 보였다. 감정적으로 취약한 사람들에게 노숙자들의 사진은 단순한 사진 한 장이 아니라 사회상의 반영이었다. 그 사진은 사회보장 없이 사는 삶이 얼마나 끔찍한지를 상기시켰다. 어느 날 그들이 길거리에서 그렇게 살게 될 수도 있음을 암시하기까지 했다. 과학 저널리스트인 대니얼 골먼은《뉴욕 타임스》에 기고한 글에서 이렇게 말했다.

"감정의 강도가 심한 사람들은 그렇지 않은 사람보다 감각이 더 복잡하며, 삶을 더 어렵게 사는 것 같다."

당신은 출근길이 교통 체증으로 막혔을 때 단지 20분 늦을 거라는 결론에 이르지 않는다. 두 달 전 마지막으로 지각했을 때 어떻게 상사에게 걸렸는지를 떠올리며, 그가 비밀리에 차곡차곡 쌓아둔 불만이 언젠가 터질 거라고 생각한다. 심지어 사무실로 불려가 해고당하는 모습까지 상상한다. 단순한 교통 체증을 겪는 게 아니라 경력의 실패를 예상한다. 비행기 연착은 당신이 아이들과 함께 시간을 보내지 못하는 무능한 사람이라는 뜻이며, 홍수는 학자금 융자를 절대 갚지 못할 또 다른 이유가 된다. 그런 일이 일어날 때마다 당신을 자극하는 것은 사건 자체가 아닌 그에 대한 당신의 판단이다. 그 일이 얼마나 불공평하고 무례한지, 결과가 얼마나 끔찍한지에 대한 판단 말이다.

죽음이나 질병처럼 심각한 사례도 아니었다. 그냥 그 순간을 감당할 수 없는 것뿐이었다. 나는 사소한 기분 때문에 휴가 전체를 망쳐버리는 여자였다. "비 오는 휴일, 잃어버린 짐, 뒤엉킨 크리스마스 조명을 다루는 방식을 보면 그 사람에 대해 많은 것을 알 수 있다."라는 말이 사실이라면, 사람들은 나더러 뭐라고 말할까?

오랫동안 사소한 것에 대해 지나친 반응을 보이며 살아왔다. 차가 막히고 연락이 끊기면 모욕감을 느꼈다. 불어오는 바람 한 줄기에도 감정이 요동쳤다. 더 이상 그러기는 싫었다. 강한 여자가 되고 싶었다. 위기와 불행에 위엄 있게 맞서는 여자. 가방을 잃어버렸어도 "뭐, 할 수 없지! 그냥 옷가지 몇 벌일 뿐인데."라고 쿨하게 넘기는 여자.

만약 당신이 인생의 가장 큰 사건을 겪으면서도 자신을 잘 관리할 수 있다면, 작은 사건에서도 그렇게 할 수 있다. 얼굴에 난 여드름이며 어색한 가족 모임도 문제없다. 모든 기분은 우리가 기분을 대하는 방식과 함께 시작하고 끝날 테니까. 이게 그렇게 대단한 여드름이야? 가족끼리 싸우는 일이 그렇게 심각한 문제일 리 있어?

내 여정의 마지막 길에 나를 덮친 기분, 그것에 즉각적인 해결책은 전혀 없었다. 시어머니의 깜짝 방문, 결혼식 날에 쏟아지는 비, 느닷없는 해고 통보와 같은 문제는 내가 만들지도, 바라지도, 요구하지도 않았지만 어쨌거나 처리해야 하는 상황들이다. 비명을 지르며 헤집고 나갈 수도 있지만 인내심을 가지고 우아하게 헤쳐 나갈 수도 있다. 상황은 바뀌지 않더라도 나의 반응은 바꿀 수 있으니까. 비행기 지연은 여행을 망칠 수도 있지만, 공항에서 한 잔 더 마실 기회를 주기도 한다. 시어머니의 깜짝 방문은 주말을 빼앗아

갈 수도 있지만, 배우자에게 가족 사랑을 보여줄 기회가 될 수도 있다.

인생은 공평하지 않다는 말에 더는 속지 않는다. 삶이 나에게 가르쳐준 한 가지는 당신이 오래 오래 찾다보면 그 끝에서 희망의 빛을 볼 수 있다는 사실이다. 삶은 공평하지 않지만, 찾으려고만 하면 어딘가에는 항상 정의가 남아있다. 끔찍한 일들이 그냥 일어날 리는 없었기에, 나는 다른 시각으로 바라보기로 마음먹었다. 일이 일어난 이유에 대해 다른 의미를 찾아내려 애썼다. 그렇게 나는 내 인생에서 최악의 순간들을 가장 의미 있는 순간으로 바꾸는 연습을 할 수 있었다.

고난을 지혜 얻을 기회로 여겨라

> 한 번에 1센티미터씩 극복하는 방법을 알면,
>
> 더 큰 일을 감당할 수 있게 된다.
>
> _ 캐서린 던햄 Katherine Dunham, 안무가

더 플라자 이야기는 약과였다. 더 큰 일이 일어났다. 통과할 수만 있다면 벽에 걸어 두고 기념할 만큼 큰 일. 진짜 최악이 무엇인지 똑똑히 가르쳐준 사건이 벌어진 것이다. 생일날로부터 3개월쯤 지나서였을 것이다. 지나라는 여자가 링크드인으로 메시지를 보내오면서 사건은 시작되었다.

"〈여성들의 말〉에 애정을 느끼고 있어요. 저는 지금 대형 법률회사의 변호사로 일하고 있는데, 당신이 그 브랜드를 다른 영역으로 확장하고 싶다면 기꺼이 도와줄게요."

구미가 당겼다. 돈을 지불해야 하는 건지, 또 어떤 영역으로 확장될 수 있는지 감이 안 잡혔지만, 만약 괜찮은 방안이 있다면 기꺼이 듣겠다고 답했다. 커피를 마시는 동안 지나는 나를 유혹했다.

"당신이 똑똑한 사람이라고 생각해요. 여성들의 말을 훨씬 더 많이 찾을 수 있을 거예요."

지나는 나에게 예쁘다고 말했다. 정말, 정말 예쁘다고. 나는 얼굴을 붉히며 언젠가 〈여성들의 말〉로 돈을 벌고 싶긴 하지만 지금은 그저 시작 단계일 뿐이라고 말했다. 책을 쓰기 위해서, 모든 통찰력이 모여드는 곳. 그러나 나는 사업가가 아니었고 돈을 지불할 의사도 없었다.

"괜찮아요. 저는 제 몫만 받아도 만족할 거예요."

그녀는 변호사답게 계약서 작성을 제안했다. 또 다른 변호사를 찾기 위해 300달러를 쓰고 싶지는 않았기에 토를 달지 않았다. 내가 그녀에게 준 혜택은 〈여성들의 말〉의 25% 지분이었다. 우리 회사는 아직은 열정 프로젝트 상태일 뿐이니 지나가 우리에게 돈을 벌게 해줄 수 있다면 그녀도 수익의 일부를 가질 수 있을 거라고 판단했다. 지나도 동의했다. 그녀는 얼마나 흥분했던지 그녀가 알고 있는 투자자들에 대한 정보를 계속 보내왔다. 우리와 유사하거나 더 나아보이는 회사들에 대한 기사도 이메일로 보내주었다. 누가 봐도 지나는 훌륭한 변호사처럼 보였다. 계약서를 이메일로 받았을 땐 앞으로의 계획으로 정신이 하나도 없는 상황이었다. 나는 그 40페이지짜리 계약서를 제대로 읽지도 않고 그대로 서명해서 보냈다.

지나는 친절했고 우리는 금방 친구가 되었다. 내 새로운 친구 중 가장 친한 친구라고 할 만했다. 게다가 그녀의 남자친구가 내 남자친구와 잘 지냈기에 나는 이중으로 친구가 생긴 셈이었다. 모든 것이 완벽해 보였다. 지나가 취하기 전까지는. 그녀는 술에 취해서 자신도 그런 책을 쓰고 싶다고 말했다.

"나는 네가 〈여성들의 말〉을 키우는 일에만 관심이 있는 줄 알았는데?"

시내 한복판에 있는 그녀의 로펌 사무실 건너편 바에서 그녀에게 말했다.

"그렇긴 하지만, 나도 책을 쓰고 싶다고." 그녀는 마티니를 한 모금 더 마셨다. "여성 변호사가 되는 것에 대해 정말 좋은 글을 쓸 수 있을 것 같아. 너도 알다시피, 변호사 세계에선 온통 권력자 남자들에게 둘러싸여 있어야 하거든." 그녀가 술에 취해 혀 꼬부라진 목소리로 말했다. "내가 좀 아는 게 있어."

"오, 좋아. 말 되네. 흥미진진한데."

나는 열의를 보이는 척 노력했지만 곧 짜증이 났다. 자기가 하는 일에 대해선 입을 꾹 다문 채 내가 하고 있는 일만 꼬치꼬치 캐물었기 때문이다.

"네 책 기획 아이디어 좀 보여줄래?"

"아직 안 끝나긴 했지만 그래도 도움이 된다면 보내줄게."

지나에게 말려들었다. 몇 장 보고 나면 말겠지 싶었던 것이다. 2주 후, 나는 제이와 함께 지나와 지나 남자친구를 다시 만났다.

"나 기획서 다 썼어!"

남자친구들이 반대편에 앉아 제2차 세계대전 다큐멘터리에 대해 잡담을 나누는 동안 지나는 소리를 질렀다.

"와, 정말 빠르다! 대단하네!"

나는 열정적인 척했다.

"보내줄게! 줄리엔이 그러지 말라던데 왜 그러는지 모르겠다."

지나는 말끝을 흐렸다.

"그래, 보내줘!"

정말이지 책 이야기는 그만하고 싶었다. 게다가 어떻게 2주 만에 기획서를 끝냈을까? 난 꼬박 6개월이 걸렸는데.

다음날 회사 업무를 하다가 한가해진 나는 지나의 책 기획서를 확인해보기로 마음먹었다. 내가 받은 이메일은 다른 누군가에게 보낸 이메일을 전달하는 형식으로 되어 있었다. 누구에게 먼저 보냈을까? 수신인을 보니 세계에서 가장 큰 탤런트 에이전시이자 내가 기획 아이디어를 제안하려 했던 에이전시, CAA의 에이전트였다. 지나는 자신이 책을 썼으며 〈여성들의 말〉의 공동 소유주라고 밝혔다. 눈앞이 캄캄해졌다. 첨부파일을 열었더니 명백하게 내가 기획한 책과 구성이며 아이디어가 거의 동일한 복사본이 있었다.

그것도 그녀의 이름이 적혀 있는 채로. 나는 반사적으로 이메일 창을 열었다.

'안녕 지나, 방금 네 책 기획안을 읽었어. 네가 〈여성들의 말〉을 공동 소유하고 있다니 좀 당황했어. 계약서상에는 네가 우리에게 자금을 지원해주면 나중에 수익이 날 때 일정 비율을 가질 수 있다고 되어 있잖아. 넌 공동 소유자가 될 수는 없어. 나는 4년 동안 〈여성들의 말〉을 운영해 왔고, 너를 만난 건 겨우 석 달 전이잖아.'

두 시간 후 지나는 답장을 보냈다.

'계약서를 다시 한 번 잘 읽어봐. 나는 〈여성들의 말〉의 25%를 소유하고 있어. 네가 서명했잖아……. 기억하지?'

그녀는 뻔뻔스럽게도 나에게 이 사실을 설명해야 한다는 것이 믿을 수 없다는 듯 한숨 표시로 이메일을 끝냈다. 내 변호사에게 계약서를 보낼 때쯤에는 입에 쓴맛이 돌았다.

'내가 무엇에 서명했는지 해석해줄 수 있겠어요?'

변호사는 30분 만에 전화해서 내가 서명했던 것은 단순한 계약서가 아니라 유한책임회사 수정안이었고, 내가 지나를 회사의 일부 소유자로 임명한 거라고 설명했다. 지난날의 기억들이 휙휙 들어왔다가 나갔다.

'줄리엔이 너한테는 보내지 말라고 했어.'

'저는 제 몫만 받아도 만족할 거예요.'

변호사는 자신이 캘리포니아 주에 살고 있어서 그 문제를 직접 해결해줄 수는 없다고 했다. 뉴욕에서 맺은 계약은 뉴욕의 규율을 따라야 했기 때문이다. 만일 내가 모르고 서명했다고 주장하더라도, 뉴욕 판사의 검토에 따라 결정될 일이라고 했다. 판사?! 변호사는 뉴욕에 있는 변호사 친구를 소개하며, 비용은 6천 달러라고 일러주었다. 나는 고맙다고, 생각해 보겠다고 말하고는 전화를 끊었다. 속이 부글부글 끓었다. 뜨겁고 짠 눈물이 뺨을 타고 흘러내렸다. 숨이 막혔다. 하지만 나는 그런 소용돌이 속에서 유체이탈을 경험했다. 멀리서 나 자신을 지켜보면서, 버지니아 울프의 말을 만트라처럼 몇 번이고 되풀이했다.

"나는 어떤 일을 직면하게 될 것이다. 그것은 나에게 시련과 아픔을 안겨다줄 것이다."

그랬다. 진정한 시련의 순간이란 바로 이런 경우를 두고 하는 말이었다. 죽음, 질병, 파산보다는 작은 재앙이었으나 앞으로 직면하게 될 수많은 시련 중 첫 번째 시련이었다. 이 시련을 다스릴 수 없다면, 더 큰 시련을 다룰 수도 없을 터였다.

나는 저축한 돈을 모조리 털어서 변호사에게 전화를 걸었고, 다행스럽게도 권리를 되찾았다. 고통스러운 데다 돈도 많이 들었다. 애초에 그런 일이 일어나지 않았다면 좋았을 텐데. 어쨌든 그 일이 없었다면 "제대로 읽기 전에 계약서에 서명하지 말라."는 교훈을 결코 얻지 못했을 것이다. 그 사건은 오히려 내게 생각지도 못한 기쁨을 가져다주었다.

몇 주 후에는 어느 정도 진정이 되고 일도 마무리되었다. 저녁을 먹으면서 친구에게 그 이야기를 꺼냈다. 이번에는 울지 않았다. 극적인 효과를 위해 과장하며 웃기까지 했다. 이틀 후에 그 친구를 통해 이야기를 전해들은 지인이 내가 선임한 변호사를 소개해달라는 이메일을 보내 왔다. 비슷한 투쟁을 겪고 있다며 나의 충고를 바라고 있었다. 나는 "모자에 깃털을 꽂은 사람"이었으니까.

이 표현은 적을 무찔렀을 때 머리장식에 깃털을 더하는 미국 원주민들의 전통에서 유래했다. 머리장식이 더 크고 튼튼할수록 더 큰 명성이 뒤따랐다. 이 관습은 사냥꾼들에게도 전해졌다. 맨 처음 짐승을 잡은 사람들은 다른 사람들에게 소식을 알리기 위해 모자에 깃털을 꽂았다. 승리와 영광의 상징처럼.

우리는 결코 극복하지 못할 것 같은 일들을 맞닥뜨린다. 그러나 일이 끝나면 우리는 더 강한 존재가 된다. 1년이 지난 지금, 지나는 내게 있어서 모자에 꽂힌 깃털과 같은 존재가 되었다. 피투성이가 되고 멍이 든 채 얻어낸 결과물이었다. 솔직히 그 일이 지금까지 나에게 일어난 최악의 사례다. 생애 처음으로 변호사들과 법정에서 다퉈야 했고, 사람들이 자기 잇속을 챙기기 위해서 남을 해칠 수 있다는 불편한 진실을 마주해야 했다. 냉혹한 현실에 호되게 따귀를 맞은 듯했다. 하지만 그 일로 인해 다른 친구들보다 앞서 그런 일을 경험하게 되었다. 그 결과 나는 훌륭한 변호사를 아는 사람이자, 조언할 거리가 있는 사람이 되었다.

강한 여성은 하루아침에 만들어지지 않는다. 자수성가한 백만장자처럼 지칠 때까지 터벅터벅 걸어야 하고, 만신창이가 될 때까지 수년간 발버둥 쳐야 한다. 박수 쳐주는 사람도 없다. 그러나 시간이 흐르면서 당신은 강해진다. 인내심을 발휘하는 법을 알게 된다. 원하는 것을 요구할 수 있게 된다. 당신은 사람들과 자연스럽게 어울리며 돌발 상황 앞에서도 움츠러들지 않는다. 타이어에 펑크가 나면 짜증을 내는 대신 AAA(미국 자동차 서비스 연합의 보험 프로그램: 옮긴이 주)를 기다리면 된다.

기술을 익히는 데 1만 시간이 걸린다면, 단단한 여성으로 거듭나기 위해서도 1만 시간을 견뎌야 하는 게 아닐까? 인내를 실천의 기회로 여기고, 이별을 홀로서기의 전제 조건으로 볼 수 있게 된다면, 당신은 인생의 예기치 못한 사건을 지혜의 보고로 사용할 수 있게 될 것이다. 화가 제니 홀저의 말처럼, "고통을 좋아하게 되었을 때, 상황이 흥미로워지기 시작할 것이다."

감사의 순간을 가져라

> 내가 '중간지대'라고 이름 붙인 곳에서 살아가는 건 정말 중요하다.
>
> 버스 정류장이나 공항 대합실, 기차나 택시는 최적의 장소다.
>
> 그곳에서 당신은 운명을 받아들인다.
>
> 무슨 일이든 일어날 수 있다는 사실을 받아들인다.
>
> _ 마리나 아브라모비치 Marina Abramović, 행위예술가

물론 모든 모자에 깃털을 꽂을 수는 없는 법이다. 제이와 내가 필라델피아 부모님 집에 머무르는 동안 영화를 보러 갔던 것처럼, 성가시고 자질구레한 일들이 끊임없이 우리 일상을 망가뜨리니까.

금요일이었다. 주중에 제대로 쉬지 못했으니 좋아하는 영화를 보며 스트레스를 풀기에는 안성맞춤인 밤이었다. 하지만 우리는 그 동네에 있는 영화관에 가본 적이 없었다. 내비게이션은 극장까지 10분이 걸린다고 안내하고 있었고 영화 상영 시간은 10분도 채 남지 않은 상황이었다. 발밑에서부터 뜨거운 에너지가 올라오는 것이 느껴졌다. 상황을 통제할 수 없다고 느낄 때면 올라오는 혼란의 에너지였다. 시간이 지날수록 머릿속 시나리오는 점점 뚜렷해졌다. 스크린 바로 아래 좌석만 남아 있을 텐데 거기 앉아야 되겠지. 생각만 해도 속이 상했다. 두 시간 동안 그러고 앉아 있을 수는 없었다. 왜 내가 거기까지 가서 타조처럼 목을 길게 빼고 혹사당해야 해?

"대체 주차장은 어디 있는 거야!"

나는 역풍을 무릅쓰고, 날카롭게 소리쳤다.

"난 이 동네 잘 몰라! 넌 왜 매번 이런 식이야?"

"내가 뭘 어쨌다고? 아무것도 안하고 있잖아!"

마침내 주차장이 나타났다. 차를 세웠지만 우리 사이에는 정적이 흐르고 있었다. 제이가 고개를 가로저으며 말했다.

"네 상태가 더 나아졌다고 생각했어. 그런데 하나도 안 변했네."

"지금은 연설할 시간이 없어. 설마 또 앞줄에 앉고 싶은 거야?"

"여긴 뉴욕이 아니야! 거기처럼 사람이 많지는 않을 거라고."

"네가 어떻게 알아!"

그러나 극장에 들어가는 순간, 나는 내 얼굴이 확 달아오르는 것을 느꼈다. 제이를 똑바로 쳐다볼 수 없었다. 제이는 앞에 놓인 수백 개의 빈자리를 향해서 덤덤하게 걸어가고 있었다.

"네 말이 맞아. 여긴 뉴욕 같지 않네."

제이는 끙 소리를 내며 입술을 깨물었다.

"네가 날 미워하는 거 알아."

"미워하지 않아. 그냥 네 행동 방식이 마음에 안 들 뿐이야. 하지만 지금의 네가 어떤지는 알아둬."

"내가 어떤데?"

"제대로 해결할 줄 아는 문제가 하나도 없지."

"난 할 수 있어."

"아니, 넌 늘 세상의 종말이라도 닥친 것처럼 굴잖아."

제이의 말이 옳았다. 텅 빈 극장에 나란히 앉아 있자니 어쩐지 우리 사이가 변한 것처럼 느껴졌다.

'아까 제이와 함께 차를 타던 순간 얼마나 행복했었는지 기억하지? 데이트하러 갈 때만 해도 내가 어디에 앉게 될지 상관없었잖아? 함께 있는 걸로 충분한 것 아니었어?'

충분했다. 다만 망각했을 뿐이다. 제이에게 너무 익숙해져서 그를 너무 편하게만 대했다. 제이의 사랑을 당연하게 여겼지만 사실상 그 사랑은 내가 바라는 전부였다. 영화는 중요하지 않았다. 왜 나는 별것도 아닌 일로 안달복달하며 우리가 함께 하는 소중한 순간을 망치고 있었을까?

나는 때때로 우리가 이런 불편한 상황을 만나는 것이 보이지 않는 벽 때문이 아닐까 상상해 본다. 바쁘게 달려가는 것을 가로막고 자신의 삶을 성찰할 수 있게끔 만드는 것이다. 이 벽은 우리가 선을 넘지 않도록 막아주고, 우리를 현실세계로 되돌려 준다.

상실의 순간은 곧 감사의 순간이다. 죽은 자를 애도하며 살아있음에 감사한다. 흉흉한 세상에도 멀쩡한 이웃들이 있음에 감사한다. 최악의 일이 일어났을 때 남은 것들에 감사한다. 무엇인가를 상실한 순간은 위기가 아니라 아직도 갖고 있는 것들에 대해 감사할 수 있는 소중한 기회이다.

다른 길이 열릴 거라고 생각하라

> 장애물을 처리하는 가장 좋은 방법은, 장애물을 디딤돌로 활용하는 것이다.
> 그들을 비웃고 밟아서, 그들이 당신을 더 나은 곳으로 인도하게 하라.
>
> _ 에니드 블라이턴 Enid Blyton, 아동문학작가

나는 인생에서 일어나는 돌발 상황에 점점 더 잘 대처해나갔다. 심지어 약간의 즐거움까지 느꼈다. 하지만 여전히 나를 괴롭히는 것들이 남아있었다. 참을성 있게 줄을 서서 기다릴 수는 있었지만,

바로 앞사람 때문에 영화를 놓치면 화가 치밀었다. 차가 막힐 때 기다릴 수는 있었지만, 급하게 집에 갈 일이 없을 때만 그랬다. 사소한 것 때문에 중요한 것을 놓치고 있다고 느끼면 그 기분을 정말 멈추기 어려웠다.

하루는 줄리 앤드루스를 다룬 책을 읽고 있었다. 책을 읽는 동안 줄리 앤드루스가 시상식 무대에 오르는 모습이 자꾸만 떠올랐다. 1964년 골든 글로브 시상식 현장을 찍은 흑백 영상. 나는 벌써 그 영상을 세 번이나 봤었다. 한편으로는 그녀가 무대에서 뿜어내는 진정한 기쁨을 보고 싶어서였고, 다른 한편으로는 그 영상이 왜 화제가 되고 있는지 이해가 안 되었기 때문이었다. 그건 그냥 평범한 수상소감이었다.

인터넷을 검색해본 후 나는 그 영상이 왜 역주행하는지 알아차렸다. 시상식 1년 전으로 가보자. 1963년 줄리 앤드루스는 영화 《마이 페어 레이디》에서 일라이자 둘리틀 역을 맡기 위해 오디션을 보았다. 아직 할리우드로 건너가지는 못한 시점이었지만, 그녀는 극장 역사상 가장 오랫동안 브로드웨이 무대에서 일라이자를 연기한 배우였다. 토니상도 6개나 가지고 있었다.

그러나 워너 브러더스의 대표인 잭 워너는 영화 판권을 사들이면서 다른 여배우를 캐스팅하길 원했다. 워너는 이 영화에 앤드루스보다도 주목할 만한 스타가 있어야 한다고 생각했다. 결국 앤드루스는 기회를 빼앗겼는데, 이때 일라이자를 맡은 여배우가 바로 오드리 헵번이었다.

줄리 앤드루스가 이 소식에 어떻게 반응했는지 우리는 모른다. 전화를 끊고 나서 어머니에게 전화를 걸어서 울었다는 기록 같은 건 어디에도 없다. 영화로 건너가려고 한 건 실수였다고 말하면서 에이전트에게 영화 일을 포기하겠다는 얘기를 했는지도 알 수 없다. 하지만 그녀는 포기하지 않았다. 아무것도 안 풀리던 바로 그 해 월트 디즈니는 앤드루스를 《메리 포핀스》에 캐스팅했고, 그녀는 여우주연상을 포함한 13개의 아카데미상을 수상하는 쾌거를 이루었다.

줄리 앤드루스의 수상소감이 인기를 끌었던 이유는 그녀가 상을 받게 되기까지의 과정이 사람들의 마음을 훈훈하게 했기 때문이다. 사람들은 젊고 열심히 일하는 배우가 마침내 큰 상을 받는 모습에 감동한 것이 아니었다. 마침내 앤드루스가 《메리 포핀스》 관계자들에 대해 감사를 쏟아내자 모두가 귀 기울여 그 장면을 지켜보았다. 그녀는 다음과 같이 연설을 마무리했다.

"그리고 멋진 영화를 만들어서 이 모든 것을 이루게 해 준 그분께 감사의 말을 전합니다. 잭 워너 씨!"

아마 할리우드 역사상 가장 상징적인 순간 중 하나가 아니었을까? 가장 위대한 순간은 최악의 일을 겪고 나서야 찾아온다는 진리를 다시 한 번 증명해 보였으니까. 예술가들이 고통의 시기에 최고의 작품을 빚어내는 것처럼, 삶은 불편한 시기에 최고의 순간을 만들어 낸다. 그 순간에 마음의 문을 열 수 있다면, 당신은 마법의 시간으로 성큼 나아가게 될 것이다.

나는 내게 일어났던 모든 일을 기록하기 시작했다. 내 인생에서 가장 좋았던 순간들 직전에 어떤 고통스러운 일들이 있었지? 나도 모르는 사이에 마법의 순간에 도달했던 때가 있었던가? 에이전트나 출판사를 구할 수 없었기에 〈여성들의 말〉을 기획하게 되었다. 전 남자친구가 몰래 다른 여자를 만나고 있었기 때문에 지금의 멋지고 착한 남편 제이와 만날 수 있었다. 다섯 번이나 회사 면접에 떨어졌기에 나 자신의 브랜드를 성장시키고 홍보하기로 결심할 수 있었다. 나는 원하던 기회를 얻지 못했다. 왜냐하면 그로 인해 다른 기회를 얻게 될 운명이었으니까.

　'내가 활주로 위에서 기다리고 있는 건 마이애미에 두 시간 늦게 도착하기 위해서야. 그러면 교통 체증 때문에 택시비로 50달러를 날릴 필요도 없잖아. 어쩌면 누군가를 우연히 만나기 위해 이런 일을 겪는 걸지도 몰라.'

　계획하지 않았던 순간에 일어났던 모든 일을 일기장에 기록했다. 편의점에서 긴 줄을 서는 동안 무엇을 관찰했는지, 내가 있고 싶지 않은 장소에 있을 때 어떤 사람들을 만났는지에 대해서. 대기실은 운명의 장소가 맞았다. 이동하는 시간은 생각하기 위한 시간으로 쓰였다. 모든 것은 실험의 대상이었다. 불미스러운 일이 뜻하지 않은 일로 이어지면 신이 났다. 심부름을 할 때, 열차를 탈 때, 교통 체증에 걸렸을 때, 항상 늦는 친구들을 기다릴 때, 그런 모든 순간을 대비해서 수첩을 가지고 다니기 시작했다. 잊고 싶지 않았다. 운명이 일어나는 순간을 포착하고 싶었다.

내리막은 오르막의 일부임을 잊지 마라

> 모든 것이 항상 원만하고 완벽했다면,
>
> 당신은 이미 그것에 지나치게 익숙해졌을 거예요. 그렇죠?
>
> 때때로 조금씩 흐트러져야 해요. 그렇지 않으면 일이 잘 될 때
>
> 결코 진정으로 즐기지 못할 겁니다.
>
> _ 사라 데센 Sarah Dessen, 소설가

이 책이 끝나갈 무렵 나는 그 어느 때보다 강해져 있었다. 모든 안 좋은 기분을 낱낱이 파헤쳐낸 후, 마침내 종잡을 수 없던 무의식의 비밀을 알아낸 듯했다. 스웨터의 마지막 한 땀을 끝내고 나서 얼른 바늘을 빼고 스웨터를 입어보고 싶은 그런 기분이었다. 그토록 바라던 인내심을 얻었다. 차분해졌고 행복해졌다. 제이와의 관계도 좋았다. 가족들과 더 가까워지기 위해 필라델피아로 이사를 갈 계획도 세웠다. 얼마 전에는 집도 샀다. 중개수수료며 예상치 못했던 비용, 엄청난 스트레스와 맞바꾼 아파트였지만 동요하지 않았다. 난 강한 여성이었으니까.

실비아에게서 전화가 온 건 바로 그 즈음이었다. 마지막으로 대화를 나눈 게 8개월 전쯤 그녀가 프랑스로 이사한다고 말했을 때였던가? 그녀는 내 친구였다. 베레모를 쓰고 카페에 앉아서, 아지랑이가 피어오르는 푸른 불빛 아래 실비아가 노래하는 모습을 구경하곤 했다. 실비아는 뉴욕 브로드웨이 무대에 오르려고 꽤나 분

투했지만 성과를 얻지는 못했다.

'저 애는 언제쯤 꿈을 접게 될까? 꿈을 찾는 여정이 얼마나 오래 갈 수 있을까?'

걱정되긴 했지만 섣불리 충고를 하지는 않았다.

8년이 흘렀고 실비아는 파리로 건너가기로 결심했다. 숙모가 살고 있었던 데다 유럽에서 또 다른 기회를 얻으리라고 생각했던 것이다. 12년 동안 사귄 남자친구와 헤어진 것도 이유가 됐다. 가엾은 실비아. 나는 그녀의 선택이 옳은 선택이라고 말해주었다. 몇 달 후 실비아에게 전화가 왔다. 그녀는 샹젤리제에 있는 관광 명소에서 웨이트리스로 일하고 있다고 말했다.

"나이 서른셋에 여전히 웨이트리스야. 달라진 건 이제 프랑스의 웨이트리스라는 것뿐이지."

또 몇 달이 지났다. 자주 대화하지는 못했지만, 나는 SNS를 통해 그녀 소식을 접하곤 했다. 실비아는 도시 외곽에 놓인 어두컴컴한 스튜디오에 혼자 살고 있었다. 사진 속 텅 빈 식탁에는 와인 병이 놓여 있었다.

'외로운가? 곧 돌아오겠지?'

또다시 몇 달이 지나자, 더 이상 실비아를 생각할 겨를이 없었다. 내 삶은 또 다른 정체 현상을 겪고 있었다. 지속적인 공허함의 순간. 거절과 이루지 못한 꿈들, 오지 않은 행운. 줄서는 일이나 고장 난 에어컨에 대해서는 침착하게 대처할 줄 알았지만, 공허함을 어떻게 해결해야 하는지는 몰랐다. 나는 의심에 가득 휩싸인 채 잠에서 깨어났다. 다음은 뭐지? 왜 모든 것이 멀게만 느껴지지? 내가 기대했던 것은 뭐였지?

어쩌다 한 번 오가는 문자 외에 실비아와 나는 한동안 근황을 나누지 않았다. 그러다가 실비아가 빅뉴스라며 문자를 보내왔다. 인스타그램 피드를 통해 실비아가 남자를 만나고 있다는 사실은 이미 알고 있었지만 구체적인 소개를 들은 것은 이번이 처음이었다. 실비아가 레스토랑에서 노래하던 밤, 둘은 만났다. 실비아는 그를 프랑스인 마이클 부블레라고 불렀다. 첫 만남 이후 함께 파티에 갔고, 지금은 사귀는 사이라 했다. 그 소식을 들으니 행복했다. 몇 년 동안이나 싱글로 지냈던 실비아에게 마침내 걸맞은 남자가 나타났으니 정말 잘된 일이었다. 나는 앞이 보이지 않는 신기루 속에서 그녀의 삶이 어떻게 펼쳐지는지 지켜보았다. 로마, 베네치아, 바르셀로나, 그리고 우리가 한때 그토록 선망했던 파리까지.

실비아에게서 전화가 걸려왔다. 언제나처럼 부엌의 아일랜드 식탁에서 샌드위치를 먹으면서 책의 마지막 장을 작업하고 있었다.

"안녕, 실비아!"

나는 최대한 애정이 있는 척하며 달콤한 인사를 건넸다. 이번에야말로 빅뉴스가 있다고 실비아가 말했다. 남자친구가 자신을 에이전트에게 소개해준 덕에 음반을 내기로 계약했다는 것이었다. 소규모 에이전시였지만 어쨌든 지금쯤 데모 테이프를 만들고 있을 터였다. 전화를 끊은 지 몇 분 만에 울음이 터졌다. 실비아로 인해 행복했지만 한편으론 비참하기도 했다. 그녀와 나를 비교하니 더 그랬다. 사람들은 내가 없어도 잘만 사는 듯했다. 그들의 삶은 변화되었지만 나에게는 아무 일도 일어나지 않은 것처럼 느껴졌다. 1년 전, 실비아에게는 아무것도 없었다. 남자친구도, 경력도, 6번가의 아름다운 아파트도 없었다. 그러나 이제 실비아는 모든 걸 가졌다. 하루 만에 그녀의 삶은 완전히 달라져 있었다.

그때의 마지막 생각이 나에게 한 가닥 희망을 주었다. 그래, 모든 것이 바뀌는 데는 한 순간밖에 걸리지 않는구나. 나는 좀 더 오랫동안 생각에 잠겼다. 내 인생에도 여러 순간들이 있었다. 일생일대의 사랑을 만난 순간. 뉴욕에서 첫 휴가를 얻은 순간. 〈여성들의 말〉을 시작한 순간. 실비아가 고군분투하는 동안 내게도 그런 순간이 일어났다.

인생은 파도와 같다. 최고점과 최저점, 전성기와 암흑기. 삶은 좋은 쪽으로만 흘러가지 않는다. 만약 그렇게 되면 우리는 폭발할 것이다. 그 대신 우리는 어떤 순간들을 얻는다. 마법의 순간들. 반짝 찾아오는 행운과 기회들. 우리는 변화하고 또다시 엉망진창이 된다. 우리는 다시 일하고 노력하고 꿈을 꾼다. 모든 것이 변하지 않을 것처럼 보일 때, 마법은 또 찾아온다. 걱정을 멈추고서 자신이 어디에 있고 무엇을 하고 있는지 깨닫는 순간 모든 것이 달라진다. 이것은 보편적인 삶의 법칙이다. 그동안 믿음을 지키는 건 당신의 의무다. 당신의 마법이 다시 시작되리라는 걸 기억하면서, 마법이 일어나고 있는 주변의 사람들을 축하하는 것 역시 당신의 의무다.

만약 당신이 지금 내 책을 읽고 있다면, 그건 내게 마법의 순간이 찾아왔다는 뜻이다. 출간 날짜를 알지 못한 채 일을 하고, 이해하지 못한 채로 믿고 수년간의 세월을 보낸 후에 마침내 맞이한 밝은 순간. 당신의 손에 쥐어진 이 책은, 모든 것은 변한다는 것의 증거물이다. 마치 기분처럼. 나쁜 기분은 언제든 좋아질 수 있는 법이니까.

2년 혹은 5년이 지나면 당신의 시간은 또다시 돌아올 것이다. 모든 것이 망가진 것 같고, 꿈의 파편이 더 이상 보이지 않는 것처럼 느껴질 때에도 기억하라. 인생은 원래 이런 식이라는 걸. 언젠가, 곧, 당신의 시간이 온다. 기운을 내서 그 시간을 맞이하라.

혼자 고민하는 것이 힘들게 느껴진다면

우리는 가정과 일터·친구 등 사람들과의 관계에서 여러 다양한 기분과 감정을 경험한다. 감정이 원인이 되어 한순간 후회스러운 상황을 맞기도 하고, 반대로 삶의 최고 정점을 맞이하기도 한다. 한자성어 수신제가修身齊家의 가르침처럼 자신의 몸과 마음을 닦아 수양하는 것이 삶의 우선순위라면, 수신의 기본은 자신의 기분과 감정을 다스리는 것이라 할 수 있다. 감정을 조절할 수 있다면 삶도 조절할 수 있을 것이기 때문이다. 이 책은 기분을 관리하는 데 깊이 숙고할 만한 방법들을 아주 재미있게 제시한다. 틀에 박힌 교훈적인 가르침이 아니다. 저자가 자신의 경험에서 미숙함을 발견하고 분석하고 부딪히며 변화해 가는 과정 속에서 우리는 함께 공감하며 방법을 발견한다.

처음 책을 소개받았을 때, 뉴욕에서 대행사 기획자로 일하던 젊은 작가라는 선입견에 다소 가볍게 읽어 내려갈 자기계발서 정도로 생각했다. 그러나 장을 더해갈수록 저자가 기분에 대해 5년간 연구하며 얼마나 깊이 있게 자신과 삶의 관계를 고민해 보았는지 느낄 수 있었다. 더욱이, 저자가 여성의 성장과 발전을 위한 온라인 커뮤니티 〈여성들의 말〉을 설립해 운영하면서, 모든 상황들에 대한 다른 여성들의 지혜, 문학가나 예술가, 전문가들의 말과 글을 인용하면서 객관적인 타당성과 보편성을 뒷받침하고자 한 세심한 노력도 엿보였다.

또한 자신과 신체적인 관계를 갖고 있는 몸, 매순간 판단의 상당 부분을 지배하는 과거, 가장 가까운 가족, 친구, 좋든 싫든 해야 하는 일, 그리고 예기치 못한 상황의 직면에 이르기까지, 이러한 관계에서 우리가 기분조절에 직면하게 될 최소한의 가능성들을 분석해 구성하였다. 그런 면에서 이 책은 지극히 심리적이고 논리적이며, 어떤 면에서는 과학적이기까지 하다.

저자는 기분에 대한 이해를 통해, 결국 어떻게 소통해야 하는지를 심도 있게 설명한다. 그것은 곧 나의 이야기이기도 했다. 그래서 저자가 나누는 감정과 기분에 몰입해 가면서 '나만 이런 기분을 갖고 사는 건 아니구나.'라는 놀라운 발견을 하게 되었다. 이는 반가움과 함께 안도감마저 들게 했다.

나는 스스로 '나를 구하는 방법'을 발견하고 노력해 보고자 하는 마음으로 번역을 시작했다. 그런데 이 공감이 비단 이 시대를 나름대로의 소신으로 열심히 살아가는 한 여성으로서의 나뿐이랴. 이

책은 혼자 고민하기에 힘겹다고 느끼는 많은 여성에게 크고 작은 도움이 될 것이다. 특히나, 그리 쉽지 않은 오늘날을 살아가는 많은 젊은이들에게도 다소나마 지표가 되기를 바라는 마음이다.

가끔 기분이 붕괴되거나 침체될 때, 한 가지 의식을 만들라는 저자의 권유가 있다. 독자들이 이 책을 '최악의 기분을 전환시키는 매뉴얼'로 삼아 꺼내볼 수 있다면, 역자로서 조금이나마 그 상승 반전의 다리 역할이 된 보람을 느낄 수 있을 것 같다.

이 책을 통해 독자들이 자신의 기분(감정)을 조절하는 방법을 깨우치고 훈련함으로써 긍정적 변화를 맛보기 바란다. 또한 삶의 도전과 과제들을 헤쳐 나갈 수 있는 지혜의 희망 메시지를 찾는 기회가 되길 기대한다. 중요한 건 그 변화의 신호에 귀를 기울이는 것이리라.

류지현

옮긴이 류지현

SBS 공채 1기 아나운서로 활동 후 미국으로 건너가 SBS CNBC 경제 기자 및 앵커, 뉴욕 특파원 등을 지냈다. 2018 평창동계올림픽 외신 대변인을 포함하여 다수의 국제대회 대변인을 역임했고 2022 서울 시그니스 세계총회 대변인 겸 집행위원으로 활약 중이다. 위비앙 YOU 크리에이티브 커뮤니케이션즈 대표로서 다양한 방법으로 공감과 소통의 깊이를 더하려는 노력을 기울이고 있다. 이화여대에서 불문학과 영문학을 공부하고 연세대와 뉴욕대에서 커뮤니케이션학을 공부했다. 광운대학교에서 커뮤니케이션학 박사 학위를 취득했다.

내 기분은 내가 결정합니다!

초판 1쇄 인쇄 | 2021년 11월 5일
초판 1쇄 발행 | 2021년 11월 10일

지은이 | 로렌 마틴
옮긴이 | 류지현
펴낸이 | 김정동
기획 | 김상현
편집 | 김승현 김윤수
교정교열 | 이미령
마케팅 | 최관호 김혜자

펴낸곳 | 서교출판사
주소 | 서울시 마포구 성지길(합정동) 25-20 덕준빌딩 2층
전화 | 02 3142 1471
팩스 | 02 6499 1471

이메일 | seokyobook@gmail.com
블로그 | http://blog.naver.com/seokyobooks
홈페이지 | http://seokyobook.com
페이스북 | @seokyobooks
인스타그램 | @seokyobooks
ISBN | 979-11-89729-57-8 03190